José Nieto Aguilar

Mindanao
Su historia y geografía

Barcelona **2024**
Linkgua-ediciones.com

Créditos

Título original: Mindanao. Su historia y geografía.

© 2024, Red ediciones S.L.

e-mail: info@linkgua.com

Diseño de cubierta: Michel Mallard.

ISBN tapa dura: 978-84-1126-287-3.
ISBN rústica: 978-84-9816-711-5.
ISBN ebook: 978-84-9897-881-0.

Sumario

Brevísima presentación

Mindanao. Su Historia y Geografía es una crónica sobre la segunda isla más grande de Filipinas. Este libro de José Nieto Aguilar incluye útiles reflexiones sobre las tensiones políticas entre las fuerzas coloniales españolas y los grupos étnicos y religiosos de la región durante el siglo XIX.

Al excelentísimo señor general don Ángel Aznar y Butigieg

Raras veces, Excmo. señor, dedicatoria alguna se elevó como en la ocasión presente, desde modesto nivel a la elevada posición de conspicua personalidad, sin que fuese guiada por interesada mira.

Esto, que al fin no fuera de extrañar en España, donde la pluma, bien o mal manejada, se consideró siempre como patrimonio casi exclusivo del necesitado de bienes de fortuna, no es aplicable a mí en el presente caso.

Educado desde muy joven, casi un niño, en la ruda franqueza que con moralidad ejemplar constituye hábito inseparable del soldado, no pretendo con esta dedicatoria el apoyo del hombre superior, cuyos talentos, aquilatados ya en las luchas políticas, le han conquistado posición envidiable en las más altas esferas gubernamentales, sino demostrar así mi afecto respetuoso al militar bizarro, que rodeado de merecidos prestigios y del cariño de sus subordinados constituye una legítima esperanza para el Ejército.

Dígnese pues, Excmo. señor, aceptar este testimonio de respetuosa consideración de su afectísimo subordinado y s.s.

q.b.s m.

José Nieto Aguilar

Filipinas su presente y porvenir

El desconocimiento que en España se tiene de cuanto respecta al Archipiélago filipino es grande, como igualmente se puede asegurar que los enormes perjuicios que por este concepto sufre la prosperidad nacional, están en razón directa de esta lamentable ignorancia.

Pero en lo que se acentúa más y más el parecer erróneo que con calculado interés se propala en nuestro país por los que de ello resultan beneficiados, es de cuanto se refiere a la población indígena; conceptuación que sentada por una célebre carta del Padre San Agustín desde fecha remotísima, mantiene en nuestro pueblo la errónea creencia de que el indio es holgazán, inepto y refractario a toda idea de cultura.

En España es ingénito el creer que *nobleza obliga*, y nosotros, que en larga residencia en aquel Archipiélago hemos podido apreciar las ambiciones de progreso que laten en aquel pueblo tan vejado y deprimido, consideramos que por lo que al interés público conviene, estamos obligados a emprender en primer lugar una razonada defensa del pueblo filipino: defensa que creemos justificadísima, puesto que en la conciencia de todos está la certeza de que hasta el momento en que los sucesos de las Carolinas hicieron reverdecer, aunque solo fuera de modo fugaz, los recuerdos de nuestras colonias Oceánicas, el hablar de Filipinas fue siempre cosa nueva y peregrina, ¡tanto era el olvido en que se las tenía!

¿Quién entonces hubiese vaticinado que sobre ellas pudieran fundamentarse hoy importantes problemas políticos, capaces de dar solución a los gravísimos conflictos del socialismo, que la miseria desarrollada en las más ricas de nuestras provincias, levanta pavoroso amenazando destruir el equilibrio social?

¿Quién que allí tuvieran origen gravísimas cuestiones internacionales, que como el conflicto alemán tan directamente interesaba a la honra de la patria?

¿Quién, por último, pudo precaver que llegase día, que no estaba tan lejano, en que el comercio, la industria y aun la producción de la península, pudiese encontrar en aquellos 300.000 km., poblados por ocho millones de habitantes, un mercado nacional capaz de suplir a los onerosos de los países europeos?

El que nada de esto estuviese previsto no es cosa que pueda llamar grandemente nuestra atención; la mayoría de los estadistas que rigieron los destinos del país, jamás supieron ni se ocuparon de averiguar las condiciones físicas y morales de aquellas comarcas, ni alcanzaron a prever la importancia grande que para España pudiera tener en día no lejano el desenvolvimiento de la riqueza y el rápido progreso de los países que poseía en tan remotas latitudes.

Por entonces creyeron cumplidos los sagrados deberes del patriotismo y de los intereses a ellos encomendados con solo mirar el asunto bajo el punto de vista de la posesión de mayor o menor extensión territorial, resultando de esto, que jamás se fijasen las altas esferas gubernamentales en aquellos pueblos que, aunque separados de la patria por inmensa extensión marítima, tienen grandes aspiraciones para el porvenir y ansían con anhelo ciertos derechos, sin tener en cuenta, que es imposible de todo punto, no solo por las exigencias de los tiempos, sino por su situación geográfica que les coloca al habla con otros países profundamente penetrados de la civilización, consolidar nuestra preponderancia por medio del absolutismo, que aunque les da libertad aparente, niega las palpitaciones de un pueblo vigoroso, dando por salvajes a hombres que, pese a quien pese, vienen demostrando que tanto en el comercio y la industria, como en las ciencias y las artes, tienen puesto oído atento a la voz del siglo, recogiendo por momentos los últimos latidos del progreso intelectual de nuestra época.

Razones son éstas para no desmayar ante los obstáculos que han de presentarse hasta alcanzar la completa justificación del pueblo filipino. La verdad concluye por imponerse. Consagremos, pues, nuestros esfuerzos a transformar el espíritu público, haciendo nacer en la opinión nuevas ideas. Entonces es posible que lleguen a comprenderse las causas que determinaban, el que aquel país, oprimido por el pasado de algunos siglos bajo la mano cruel del despotismo, la brutalidad de las pasiones, el interés torpe y la ignorancia, llegase a revestir algo parecido a la abyecta condición del paria.

Que si hoy la cultura e ilustración del indio no se encuentra a la altura que tiene derecho a exigir de ellos el pueblo que por su redención tan costosos sacrificios se impone, no hay nada que reprocharle, porque de ello no es él solo culpable. De tal atraso no puede hacerse cargo al filipino; los responsables son aquellos que desdeñando lo preceptuado en nuestras sabias leyes, han dejado incumplido lo dispuesto en la Ley X, Tlt. I, libro I «Recopilación de Indias», que ordenaba que donde quiera que fuese posible se estableciesen escuelas para enseñar a los indios el castellano.

Lo que Felipe IV prevenía en 1664 a los curas y doctrinarios para que por los medios más suaves fuesen enseñando a todos los indios el idioma castellano. Y por último, lo dispuesto por Real Cédula de Carlos III, a fin de que en el interrogatorio a que para su juicio de residencia se sometía a los capitanes generales, se incluyese la pregunta de si mandaron o no a los párrocos enseñasen a los indios el idioma castellano.

A tal extremo llega en Filipinas este abandono del clero, que don Patricio de la Escosura, ejerciendo el cargo de Comisario Regio de S.M. en aquellas islas el año 1863, censura duramente este proceder como causa principal del atraso intelectual del indio, imposibilitado de apreciar los adelantos de la época por los medios que el estudio proporciona.

A pesar de esto, la ilustración actual de Filipinas es muy superior a lo que comúnmente se cree; pruébanlo aquellos claustros de profesores de su Universidad e Institutos nutridos hoy con un crecido número de insulares, gallarda muestra de las ambiciones de progreso que allí se remueven de continuo, anhelando conocer el más allá que hasta ahora les fue vedado investigar.

También el arte, esa facultad del cerebro humano de asimilarse la belleza de la naturaleza para producir obras revestidas de cualidades estéticas, representando con toda exactitud las impresiones recogidas por el estudio al amparo de los destellos del genio, encuentra en Filipinas entusiasta e idónea interpretación, lanzando a la culta Europa hombres que, como Luna y Tavera, bastan para justificar el perfeccionamiento rápido y completo de que es susceptible aquel pueblo.

El comercio, ayudado por la creciente producción de tan fértil suelo, aumenta rápidamente, facilitando la exportación de los productos que arroja un crecido superávit sobre la importación, según se demuestra en las siguientes notas estadísticas

Años.	Importación Pesetas.	Exportación Pesetas.
1879	18.031.547	18.813.452
1880	25.486.461	23.450.285
1881	20.777.739	24.579.006
Promedio	21.431.739	22.247.914
1887	17.530.198	25.254.140
1888	21.208.482	26.358.640
1889	24.790.906	34.926.969
Promedio	21.176.528	28.846.583

El resumen de estos datos demuestra que en el año 1879 la exportación solo superaba a la importación en 500.000 pesos, y que en el año 1889 el fomento de la producción es tal en Filipinas, que duplicando la exportación supera en más de 10 millones de pesos a la importación.

La agricultura es lo que más prospera en la fértil Filipinas. Fuera del consumo local, que no debe ser insignificante, exportó en el año 89, 12.500.000 pesos en azúcares, más de 14 millones en abacá, 2.500.000 en café, más de 3 millones en tabaco y cerca de 500.000 en cocos; es decir, que casi su total exportación, o sean más de 30 millones de pesos de los 35 a que ésta se eleva, tienen su origen en la agricultura; y como quiera que el chino no se dedica a las faenas del campo, y la emigración peninsular tampoco aporta esta clase de elementos, tenemos, que aquella raza tan vejada, el indio, que por no prestarse a las indignas explotaciones que de él requiere el ignorante, incapaz de apreciar los sanos preceptos de la colonización española, después de cubrir todas sus necesidades, lanza al exterior enormes cantidades de los apreciadísimos productos de su suelo.

Ahora bien; si el problema de los cambios sobre la península acarrea a Filipinas una atmósfera preñada de desconfianzas y suspicacias, con notable perjuicio del comercio español y de las relaciones estrechas que deben existir entre dos pueblos cobijados por una misma enseña nacional, esto no hay que cargarlo en el debe de aquel país; de ello son directamente responsables los que toleran tan indignas explotaciones, amasadas con su propio desprestigio. Filipinas remite a España más productos que de ella recibe. Desde Filipinas se remesan a Inglaterra y otros países enormes cantidades de productos agrícolas, que superan en algunos millones de pesos a lo que aquellos importan en el Archipiélago.

De esto resulta, que la producción filipina sitúa en Europa cantidades suficientes para responder con exceso a cuantas garantías pudieran exigir de un país floreciente las naciones que con él sostengan relaciones mercantiles.

Fácil es deducir por los anteriores datos, que en Filipinas esos elementos productores que son el nervio y la vida del comercio, y que tan ineptos se les cree en nuestro país, ponen en juego mayor suma de actividad en las explotaciones agrícolas que el raquítico comercio, intermediario entre el productor y los mercados consumidores de Europa y América.

La usura es otra de las calamidades que afligen en grado superlativo a la agricultura filipina; tan escandalosa es en aquel país la explotación por este medio hecha del pequeño agricultor, que puede decirse, con toda seguridad, que su monopolio es causa de porfiadas luchas en la provisión de los cargos de funcionarios municipales, puesto que la autoridad del *Gobernadorcillo* es la que facilita el cobro de las cantidades o productos que remuneran tan *honradísimo comercio.*

Esto, como es natural, aminora el estímulo por la escasez de beneficio y determina una notable disminución en la riqueza por el menor número de cultivadores.

Resumiendo cuanto llevamos dicho, a fin de robustecer y justificar nuestra opinión en tan interesante asunto, somos de parecer que un pueblo como el filipino, que etnográficamente considerado se encuentra en la misma situación que se hallaba hace tres siglos, cuando el país fue ocupado de un modo efectivo por nuestros antepasados, en el que los caracteres etnológicos de sus moradores no han sufrido más transformación que la variante en sus creencias religiosas, y que, a pesar de esto, tan admirablemente se adapta a los adelantos de la época, es forzoso concederle que camina a pasos agigantados en la senda del progreso. La agricultura, que hace cincuenta anos tenía limitadas sus operaciones a satisfacer las necesidades del consumo local, crece de un modo fabuloso, traspasa sus ordinarios límites, y llega a

Europa y América con sus productos, logrando que se los tenga en grande estima.

El comercio secunda estas iniciativas prestándose a la obra con que el agricultor le brinda, aunque cegado por la avaricia neutraliza una gran parte de las energías productoras.

La industria se asimila los adelantos más adecuados a la perfección y bondad de sus productos, viendo su importancia restringida en la parte de fabricación por la especial constitución geológica del país. La población se duplica en cuarenta años. El indio presiente el espíritu democrático del siglo, y todo en fin, refleja en aquel país las ansias de una perfección retardada por los accidentes de la historia. Solo una cosa conserva allí la secular organización y carácter que se le imprimiera hace siglos: la Administración del Estado en sus diferentes ramos. Esta, se distingue en un todo de cuanto rige en las demás colonias del mundo.

Si bien el carácter del legislador resulta simpático por la democracia que de sus disposiciones emana, los encargados de vigorizar éstas mismas las desfiguran en su aplicación a la práctica, exornándolas de una aureola de suspicacias y recelos que les da carácter despótico y anti-nacional de que en su esencia se encuentran desposeídas y que estuvo siempre lejos del ánimo del legislador.

El rehuir la enseñanza del idioma patrio y las trabas puestas a la radicación del elemento peninsular son los dos grandes borrones de la Administración de España en Filipinas, constituyendo formidable barrera interpuesta entre el europeo y el indígena, imposibilitados de fraternizar sin mediadores tan poderosos como son la comunidad en la familia y en el idioma, cuando la unidad de creencias religiosas estrecha la distancia de dos pueblos tan profundamente identificados, a pesar de la enorme distancia etnográfica con que la naturaleza les ha separado.

Esta es la exposición del estado en que según nuestra apreciación se encuentran hoy las Filipinas, si bien dejando de tratar algunas de las condiciones sociológicas y políticas, de las que hemos creído prudente prescindir por no lanzar censuras en las cuales haríanse resaltar las suspicacias injustificadas, causantes del abandono en que los principios que informan el derecho civil se tienen en aquel país, en el que no existiendo palpitaciones

16

políticas que repercutan unísonas al compás del gran corazón de la patria, mantienen en la más punible orfandad a los que veneran los principios de una unidad imperecedera como origen de próspera fraternidad, dejando el campo libre sin otro atractivo en estos ideales a aquellos que por ambición desmedida e injustificada sustentan las bastardas pasiones de un prematuro separatismo.

De estos principios hemos de partir para fundamentar el concepto formado de aquellas reformas consideradas indispensables por la opinión, si España ha de modelar en las Filipinas bases robustas en que se asientan las aspiraciones de un porvenir venturoso, libre de las asechanzas y turbulencias que sin fruto agotan las energías de nuestros hermanos de América, debilitando su unidad y poniéndolos en el trance bochornoso de encontrarse fustigados en su soberanía por aquel coloso del Norte, que hambriento de dominio aspira a relegarlos al triste estado de provincias conquistadas.

El porvenir de Filipinas estriba en la oportunidad con que se planteen las dos reformas hace tiempo señaladas por aquella parte de la opinión, que imparcial y conocedora del país, juzga como suyos los triunfos de una administración continuadora de los sanos principios que atesoran las sabias leyes dictadas por nuestros antepasados, celosos de que la preponderancia del poderío colonial de España estuviese fundamentada en la hidalguía de sus principios humanitarios.

Estas reformas, que son la colonización y el encauzamiento del comercio hacia la metrópoli, tienen una aspiración única, y ésta es la españolización del país por la extensión de la raza peninsular, que en su mezcla con la indígena da origen a ese otro pueblo vigoroso y enérgico que hoy lleva el nombre de mestizo. Esta nueva raza tiene demostrado que desde el claustro universitario al campo de batalla, sin dejar en claro la atmósfera ideal del arte, todo lo domina, contando con aptitudes para servir de base a una nación briosa, que tanto frente al poderío japonés como ante las colonias de explotación con que le rodean ingleses y holandeses, sea gallarda representación de la gran moralidad y extraordinarias facultades que para la colonización atesora el pueblo ibero.

Para conseguir esto, es necesario prescindir de la suspicaz y sistemática enemiga que nuestra burocracia mantiene contra esta raza mezclada, y dejar a un lado temores imaginarios que hacen apreciar a las Filipinas como fosa siempre abierta para el europeo.

Es necesario que en grandes cantidades llevemos allí nuestra sangre; pero no la sangre anémica que engendra la atmósfera impura de las grandes ciudades, sino la vigorosa que anima y da energías a nuestros cultivadores para no desmayar en las rudas faenas con que fructifican sus campos, yermos ya de tanto producir.

Ha llegado el momento en que la colonización de las Filipinas con elementos peninsulares se impone; pero no una colonización en la que se pretenda abusar de la superioridad de raza de uno de los elementos sobre el otro para establecer una esclavitud más o menos embozada.

No una colonización como la seguida por civilizado país de Europa en vecina próxima de las Filipinas; me refiero a Holanda y Java.

En aquel territorio, la perversión del sentido moral llega a su más alto grado; allí se encuentra organizado por los que representan el progreso un plan de explotación cual no se registra otro ejemplo en las colonias contemporáneas, manteniendo a sus habitantes en el mismo estado de atraso en que hace siglos se encontraban, con la sola diferencia de que en época más remota fueron los árabes la raza superior y explotadora; y hoy se encuentra en el pleno goce de tan inicuo monopolio, una de las naciones que, si no por su extensión territorial, sí por su cultura, blasona en Europa de encontrarse a la cabeza del progreso intelectual.

Las bases fundamentales que conforme a los progresos de la ciencia y a las leyes de la historia estamos obligados a implantar de un modo enérgico en Filipinas, si hemos de españolizarlas, están claramente marcadas en aquellos principios sociológicos que huyendo de las utópicas teorías de nuestras antiguas leyes, hacen de la industria y el comercio el más seguro agente para la divulgación del progreso, quedando la fuerza relegada a mero auxiliar de la obra civilizadora que se ejecuta.

De esto se deduce, que la colonización debe efectuarse en condiciones que llene aquellos fines, armonizando el bienestar del elemento colonizador y del colonizado, y fomentando el desarrollo de la riqueza mediante una acertada explotación de sus productos naturales, que lo mismo beneficie a los indígenas, sin distinción alguna de castas, que a los nacidos en la península, cuya misión allí no es de dominio ni de conquista, puesto que las colonias, como sabiamente disponen nuestras leyes, solo deben ser una continuación de la metrópoli por la extensión de la raza, que al confundirse con la indígena le presta los elementos indispensables para su transformación etnológica, poniéndola en condiciones de alcanzar el nivel intelectual de los pueblos civilizados.

Practicando rigurosamente este principio, lograremos contrarrestar esa ley fatal de la Historia que impide en nuestra raza el que la influencia directa de la metrópoli obre sobre la colonia hasta su completa mayoría de edad moral.

¿Queremos que no ocurra en Filipinas lo que con la América latina? Pues hagamos dos cosas: explotemos convenientemente el suelo haciéndole producir los ricos tesoros de su fecundización, y no perdamos medio para que miles de familias peninsulares lleven a aquellos lejanos países sus energías, sus conocimientos y adelantos, mezclen su sangre con la del indio, creen allí intereses y alejen por completo la más remota sospecha de una separación violenta.

Por último, nos permitiremos hacer algunas indicaciones que, aunque no se fundamenten en bases de origen conocido, el patriotismo, que presiente a veces con delicado instinto la más tenue nube que pueda empañar el claro horizonte que circunda la tranquilidad de la nación, nos obliga a manifestar algunos recelos nacidos al comparar los distintos elementos que constituyen la población y la riqueza en el estado actual de las Filipinas.

Lo mismo que anteriormente, consideramos como un deber el sincerar al filipino del erróneo concepto en que se le tiene en nuestra patria, distanciando así dos pueblos íntimamente ligados por lazos que pueden llegar a ser indestructibles; también creemos que aquel país se encuentra muy próximo, a la resbaladiza pendiente que vendría a determinar graves conflictos, funestos para la gran patria que veneran todos los buenos españoles.

Por eso nos permitimos recordar a los poderes constituidos que en Filipinas el comercio peninsular no tiene arraigo y la representación de nuestra raza es muy raquítica para poder neutralizar el incontrastable empuje del elemento asiático que allí impera, no solo por el número, que ya hacen respetable los cien mil mestizos sangleyes que existen, sino por ser los principales acaparadores de la riqueza del país y encontrarse perfectamente organizados y con una unión que distan mucho de imitar nuestros compatriotas, por más que esto obedezca a manejos que, si hoy no alcanzan a llamarse políticos, pudieran ser precursores de una hostilidad que en momento dado diese funestos resultados para la integridad de la patria, ocasionando desquiciamientos siempre dolorosos cuando no están justificados por las leyes naturales del progreso.

Las islas Filipinas, que comprenden una gran porción de la subdivisión Oceánica llamada Malasia, ocupan un área de 80.000 leguas cuadradas, en la que se encuentran repartidas sobre unas 1.200 islas que alcanzan en junto a más de 300.000 kilómetros cuadrados de territorio. Entre éstas, las más importantes, aquellas de que nos hemos de ocupar, no exceden de 20, que son las que por su situación geográfica, su extensión y riqueza, historia, usos y costumbres, determinan la formación de grupos distintos cuyo estudio es de interés en esta ocasión.

Entre todas, y a modo de ramilletes gigantescos festoneados con las espléndidas frondas de aquella exuberante y rica vegetación tropical, circundan limitándola una gran porción de agua; mar interior que a semejanza del Mediterráneo en nuestra Europa, ha sido y será por largo tiempo el foco convergente de las más potentes energías del Archipiélago, de la industria y del comercio, y donde la mayor densidad de población acusa con su plétora de vida el bienestar que la riqueza proporciona.

Sus aguas son surcadas de continuo por frágiles embarcaciones que transportan los productos de unas a otras islas, sosteniendo un activo tráfico de cabotaje, que reuniendo las mercancías en los puertos de Cebú, Ilo-Ilo y otros menos importantes, los ponen en condiciones de abastecer el gran mercado del Archipiélago, Manila, y exportar directamente al exterior enormes cantidades de azúcar, café, cacao, abacá, tabaco y otra infinidad de productos que por su bondad son tenidos en grande estima.

El mar de Joló o de Mindoro, que con ambos nombres se le designa, está limitado al N. por la costa S. de Luzón, comprendiendo las provincias de Batangas, Tayabas, Camarines y Albay. Por el E. Mindoro y la dilatada isla de Paragua, que corriéndose desde esta última hasta la de Borneo lo cierra por aquella parte formando el estrecho de Balábac. Al O. Samar, *Leyte* y Mindanao le separan del Pacífico, con el que solo comunica por algunos estrechos de tan corta latitud que en la subida y bajada de mareas su navegación es peligrosísima por la impetuosa corriente de las aguas que los cruzan. Por el S. constituyen su barrera una serie de pequeñas islas que forman los Archipiélagos de Joló y Tauitaui, grupos insignificantes por su extensión territorial, pero el más poderoso baluarte, desde el cual las feroces y piráticas huestes mahometanas han sembrado la desolación y la ruina de aquellas costas, las más ricas del Archipiélago, llevándolo todo a sangre y fuego, esclavizando a los hombres robustos, violando a las doncellas y dando muerte cruel al anciano, cuyos músculos no fuesen capaces de soportar la dura faena del remo.

En el NO. del mar de Mindoro que dejamos reseñado, y como espléndido remate a la admirable posición geográfica con que la naturaleza ha dotado a las Filipinas, tanto en relación con los países inmediatos como también para facilitar el fomento de la propia riqueza, se encuentra el grupo de las Visayas, islas hasta hace poco relegadas al más vergonzoso atraso bajo la tiránica opresión de la piratería joloana, pero que influidas hoy por el ambiente de paz que hace años disfrutan, constituyen con las inmediatas provincias del S. de Luzón el emporio verdadero de la riqueza y de la producción en aquel país.

Panay. La más rica comercial y la que por su producción es llamada, con justicia, el granero de Filipinas. Sus 11.500 km. superficiales albergan cerca de un 1.000.000 de habitantes. En sus costas se encuentra el puerto de Ilo-Ilo, el segundo del Archipiélago por la cuantía de la exportación y por su importancia mercantil.

Negros. Que deshabitada hace cuarenta años cuenta hoy con 250.000 habitantes en un territorio de 8.000 km.[1] Está reputada de que en sus fértiles vegas se cosecha en gran parte la enorme exportación azucarera que sostiene el Archipiélago.

Cebú. La más industrial de todas; la que con Panay comparte la fabricación del riquísimo nipis, tela preciosa que sostiene con ventaja la competencia con los más preciados tejidos extranjeros.

---

1   Artículo que publicamos en *El Globo* del 2 de agosto del presente año. (N. del A.)

Nos da el ejemplo de su valía, con la construcción, sin el auxilio oficial, de líneas férreas que den salida a los carbones que en sus entrañas atesora; y que en sus 4.183 km. de superficie, cuenta con una industriosa población de más de 350.000 habitantes.

Leyte. Aunque no tan rica y habitada como las que dejamos reseñadas, *Leyte* va progresando rápidamente, llegando hoy a contar con más de 250.000 almas en los 9.500 km. que constituyen su extensión superficial. En día no lejano las riquísimas minas de hierro que en sus entrañas esconde esta isla, darán lugar a reproductivas explotaciones, como hoy ya se hacen con los azufrales de Burauen.

La isla de Bohol o Bojol, esa a la que Cavada llama la hija desheredada de esta espléndida naturaleza intertropical, comprende una superficie de 3.250 km., ocupada por 250.000 habitantes.

El calificativo aplicado por Cavada a este territorio pudo ser de oportunidad en otra época; hoy Bojol aumenta rápidamente las explotaciones agrícolas, cosechando en gran cantidad el café más apreciado, cuyo cultivo concluirá por invadir una gran parte de los territorios que se mantienen incultos.

Masbate. Próxima a las costas de Luzón; en sus feraces territorios apacentan las más famosas ganaderías del Archipiélago.

Mindoro. Muy extensa, pero tan despoblada, que solo cuenta con unos 67.000 habitantes en los 10.167 km. superficiales que la constituyen.

La riqueza forestal de esta isla es tan grande y variada, que puede compensar con exceso las dificultades que la roturación presentara para el cultivo de sus campos, efectuado por una inteligente explotación agrícola.

Allí abundan las maderas preciosas, representadas por el ébano y sándalo: las de utilidad, como el molave, dungón, ipil y otras, que aparte su aplicación en las edificaciones urbanas alcanzarían gran estima si llegasen a ser empleadas en la construcción de líneas férreas.

El Ilang-Ilang, ese árbol precioso que en la esencia de su flor, no solo encierra el más preciado de los perfumes, sino también un elemento de riqueza, forma en Mindoro bosques extensos donde la codicia del hombre, ciega por el deseo del lucro, no se contenta con el producto de la flor, y destruye miles de plantas para obtener de su jugo una pequeñísima parte del codiciado líquido; exigua recompensa que pone de manifiesto el *exceso de avaricia, la falta de sentido práctico* que se observa en la explotación de los veneros de riqueza que atesora el Archipiélago.

La despoblación de esta isla está plenamente justificada.

Los moros necesitaban un punto de apoyo y refugio en el progresivo desarrollo que hacia el N. del Archipiélago daban continuamente a sus periódicas excursiones piráticas, y esto lo encontraron sin tener que vencer grandes resistencias, en las magníficas ensenadas de Mamburao y Paluan, donde se mantuvieron hasta nuestro siglo.

Los naturales, sujetos a la más terrible esclavitud, emigraron a las provincias próximas, quedando reducida la población a los infieles, que parapetados en lo abrupto de los montes, supieron mantener su independencia.

Samar. La más próxima a Luzón, de la que solo le separa el estrecho de San Bernardino. Hace cincuenta años la isla de Samar estaba casi despoblada, siendo grande el atraso de su reducido número de habitantes. La asombrosa fertilidad del suelo ha hecho afluir a ella gran número de capitales dedicados exclusivamente a las explotaciones agrícolas, donde se cosechan con excelentes resultados todos aquellos productos que, como el café y tabaco, se prestan más a la exportación.

Samar goza de tan excelente salubridad, y sus terrenos admirables son tan ricos y de topografía tan adecuada para el cultivo, que al fundarse hace pocos años una colonia agrícola compuesta de peninsulares exclusivamente, procedentes del regimiento de Artillería que guarnece a Manila, fue elegido por unanimidad como punto el más adecuado y donde podían esperarse más brillantes resultados, esperanza que los hechos han coronado del éxito más completo.

Su extensión superficial es de 12.175 km. y 200.000 próximamente el número de sus habitantes.

En el confín opuesto a Samar y *Leyte*, y sirviendo de barrera entre el mar de Mindoro y el de China, se encuentra la isla de la Paragua, extensa faja terrestre de 420 km. de longitud y que no alcanza a 40 km. en su mayor anchura, y a 14.000 de extensión superficial. Su riqueza forestal es enorme, y en la actualidad hay hechas en ella importantísimas concesiones para la colonización de su territorio.

Terminada esta ligerísima reseña de las más importantes islas que componen el grupo central del Archipiélago, resta solo esbozar lo que son y valen aquellas dos grandes islas que la limitan, la una por el N. y la otra por el S., Luzón y Mindanao.

La isla de Luzón, la que constituye el extremo N. de aquellos territorios, requeriría por sí sola un grueso volumen si hubiésemos de dar somera idea de las castas que la pueblan, de su territorio y de la inmensa riqueza minero-forestal con que la naturaleza le ha dotado.

Cuenta con una extensión superficial de más de 100.000 kilómetros, o sea, próximamente, igual a la de la isla de Cuba, y su población excede de 3.500.000 habitantes. Al N. Cagayán. La Isabela e Ilocos producen el riquísimo tabaco de su nombre, el más apreciado del Archipiélago. En el centro Cavite. Pampanga y Batangas bastan por sí solas para desterrar el concepto de holgazanes de que en la península disfrutan los filipinos; las más ricas de nuestras provincias no superan en la maestría de sus cultivos a las que dejamos mencionadas; pruébalo la bondad de los productos, el activo comercio que sostienen, el bienestar que sus habitantes disfrutan y el rápido aumento de población que en pocos años han experimentado.

Ambos Camarines y Albay al S. concluyen de patentizar la inmensa riqueza de Luzón. El abacá, ese preciado filamento que constituye un privilegio exclusivo de las Filipinas, tiene en estos volcánicos terrenos el mayor centro de producción, fomentando la riqueza de estas provincias hasta hace poco empobrecidas e incultas.

La isla de Mindanao, aunque algo menor en extensión que la de Luzón, no cede a ésta en la fecundidad de sus tierras y bondad de los productos, si bien con la enorme ventaja que le da su riqueza mineralógica sobre las demás islas del Archipiélago. En el Museo Biblioteca de Ultramar, que tantas cosas útiles, tantos objetos valiosos para el estudio y conocimiento de nuestras colonias encierra, y gracias a la amabilidad de su ilustrado director y distinguido amigo nuestro, el señor don Francisco Vigil, hemos podido encontrar manuscritos en los que se da a conocer con toda clase de detalles la existencia de grandes yacimientos hulleros en la jurisdicción del pueblo de Naanan, del segundo distrito de Mindanao (Surigao.) Tanto en éste como en el de Misamis, se encuentran inmensas porciones de terrenos que atesoran riquezas auríferas, tanto o más reproductivas que las de Australia, cuya existencia ha sido confirmada por los reconocimientos que en distintas épocas ha practicado el Ingeniero de minas señor Centeno.

Los distritos de Cottabato, Zamboanga y Davao, aunque poblados por la raza fanática e indolente de los malayos mahometanos, producen abundancia grande de arroz y café, ambos productos de tan excelente calidad que pueden competir con los más acreditados del mundo, dando origen a un comercio reproductivo, suficiente a subvenir a las necesidades de aquel pueblo, cuya preferente ocupación es la guerra.

A pesar de esto, gran porción de Mindanao se encuentra inculta, sin que en ella se hayan notado hasta ahora esos signos indelebles que acusan los progresos de una civilización ávida de remover las riquezas de tan espléndidos países, donde el reino mineral guarda tesoros incalculables recubiertos de bosques, cerrados hoy por las frondas de una exuberante vegetación que se propaga y crece, no al cuidado de un cultivo inteligente, basado en los adelantos de las ciencias agronómicas, sino libre y salvaje, fecundada por lluvias y rocíos al amparo de las tibias caricias de aquel clima incomparable.

Mindanao

No es esta isla de aquellos territorios cuyo conocimiento se facilita y adquiere en las vigilias del estudio. De allí, como de todo país donde la naturaleza con obstáculos casi insuperables, imposibilita y retarda la acción investigadora de la exploración científica, cuanto se relata y escribe, está sujeto al criterio particularísimo, formado por la experiencia sobre el terreno adquirida, o bien por ideas robustecidas en las noticias de los mismos naturales, cuya veracidad es siempre problemática.

Pero no son éstos los solos obstáculos con que se tropieza en la apreciación de todo asunto que a Mindanao se refiera.

En tan remotos países, donde parecía natural que no existieran otras aspiraciones que las de una noble emulación, tras de conseguir el engrandecimiento nacional, se remueven de continuo ambiciones ocultas, manteniendo latentes las luchas sostenidas en épocas pasadas entre las distintas órdenes monásticas que allí ejercen la cura de almas, sin otro objetivo que el de extender paulatinamente la esfera de su influencia.

De ahí su celoso prurito de acaparar todo principio de autoridad, procurando la absoluta separación entre el peninsular y el indígena, a fin de que su influencia aumente en proporción a la ignorancia en que aquellos países se encuentren, tanto el elemento civil como el militar, haciendo indispensable su concurso, que por lo que se ve es bien egoísta.

Por este solo hecho es fácil deducir que si al ocuparnos de aquel país nos ciega un exagerado celo político o religioso que a nada útil conduce, o el egoísmo del interés se sobrepone a la voz de la razón, se hace imposible apreciar con espíritu sereno el verdadero estado de la actual situación de Mindanao y los difíciles problemas que para su reducción restan aún por resolver.

Si se ha de juzgar con alguna exactitud la clase de enemigos con que allí nos tocó combatir desde los primitivos tiempos de nuestra dominación en el Archipiélago, y cuyos restos, refugiados hoy en el centro de Mindanao, se aprestan a lucha heroica con valor jamás desmentido, es necesario investigar en el terreno de la historia su procedencia, para venir en conocimiento de que la raza dominadora de aquellos ricos territorios, la que dirige y alienta por ideal egoísta perfectamente definido, a gran porción de aborígenes —el del dominio y defensa de intereses creados con inteligente dirección—, es la árabe, cuya autoridad de potencia religiosa y cuyos usos y costumbres ha aceptado.

Aquella misma raza, que al esfuerzo de una civilización pujante reflejara en nuestra Europa los destellos de su ciencia, imponiéndose con carácter despótico y fiero a la India, Sumatra, Java y Borneo, y, por último, a las Filipinas, que fueron la etapa final de la excursión que por el grande Archipiélago Asiático realizara.

Si bien estas gentes no conservan el grado de cultura que en aquellos tiempos les valió el nombre de raza civilizadora, su incultura no es tal que pueda llamárseles con justicia salvajes.

Por eso sin pretender que se considere al moro de Mindanao como individuo de nación civilizada ni mucho menos, y sin que tampoco admitamos que disponga de un Ejército disciplinado capaz de batirse en campo abierto y con arreglo a preceptos tácticos al frente de nuestros soldados, es innegable que su temerario arrojo, auxiliado por un exaltado fanatismo religioso, que le promete vida eterna de voluptuosos placeres, hace y hará empeñada y sangrienta la conquista de aquellas fértiles comarcas, las cuales, con su vegetación exuberante, rodean cual diadema de guirnaldas con flores y valiosos productos fructificados por sus mismas aguas, aquella inexplorada laguna objeto hoy de tantos afanes, y que en épocas pasadas la *imprevisión, la falta de sentido político y un mal entendido celo religioso*, la entregó, tras humillante abandono, a sus poseedores actuales; gente bárbara, por decadencia, pero nunca salvaje, que con admirable sentido político se asimila la población del país ocupado, creando así la extraordinaria riqueza agrícola de aquella comarca.

Y mal puede ser tampoco pueblo vagabundo y nómada como se suele afirmar, el que es cultivador inteligente de productos ricos y apreciados, y manifiesta gran respeto a la autoridad y acendrado sentimiento religioso, agrupándose en apretado haz para perder la vida antes de ceder un palmo del país natal.

Muéstranse disciplinados y valientes a la voz de sus Dattos, que les dan ejemplo, siquiera sea su táctica por tradición la emboscada y la sorpresa, que con valor temerario e infinita cautela ejecutan.

Están admirablemente armados según exigen las circunstancias locales, pues para nada se necesita allí el fusil de grande alcance. Y son numerosísimos por virtud de la poderosa federación Illana, que tienen formada para todos los casos en que de combatir al español se trata.

Los moros de Mindanao, agrupados así y dispuestos a sostener cruenta lucha contra nuestro Ejército, son enemigos terribles que han de defender su territorio con feroz energía, engreídos como están por sus pasadas victorias, que la tradición mantiene vivas, creando un héroe de cada uno de aquellos mahometanos.

Por eso se explica que al oponer su robusto pecho a las bayonetas de nuestros soldados, lejos de temer por la vida, hacen esfuerzos titánicos entre los espasmos de la agonía para romper las filas de aquellos. Y procuran conseguir, ante todo, la muerte de un cristiano, porque con ella tienen por seguro alcanzar los placeres con que brindan al creyente las hermosas huríes de su soñado paraíso.

La empeñada contienda sostenida desde 1630 a 1640 entre recoletos y jesuitas por la posesión material y espiritual del territorio de Lanao, cuando el mahometismo aún no había extendido por allí su influencia, fue lo que facilitó al astuto sultán de Mindanao, Cachit Corralat, agrandar sus dominios a poca costa con la conquista político-religiosa por él realizada, a la sombra del gran desprestigio en que el cristianismo cayó entre los Malanaos, testigos presenciales de la enconada lucha que mantenía en irreconciliable rivalidad a jesuitas y recoletos.

Tan vehemente fue el deseo de los Malanaos de acogerse a nuestro dominio a fin de quedar a cubierto de las asechanzas de los Mindanaos acaudillados por Corralat, que presididos aquéllos por el padre San Agustín pasaron a Manila en numerosa y escogida representación, solicitando de Corcuera el establecimiento de un presidio en la laguna, a fin de contener las continuas excursiones de los mahometanos.

Negada su pretensión con grave detrimento de nuestro prestigio, y restituidos los rehenes que en garantía de vasallaje quedaron en Manila, la hábil política del astuto sultán de Mindanao triunfó, aprovechando estos y otros desaciertos de los nuestros. Desde aquella fecha, los dislates de unos cuantos ambiciosos que traducen su celo religioso en feroz intransigencia y desmedido afán de mando, privó a España de una rica provincia y a la religión de un crecido número de adeptos.

El abandono del fuerte de la Sabanilla en la bahía Illana, la retirada de nuestras tropas de Zamboanga, donde un magnífico fuerte quedó encomendado a la lealtad y custodia de los «Lutaos», y por último, la toma por los moros del fuerte de Tandag en 1760, donde fueron acuchillados los 300 hombres que lo guarnecían, hizo dueños de casi toda la isla a los mahometanos, alcanzando con esto extraordinario prestigio sobre los naturales, sometidos en absoluto desde entonces a su dominio.

La importancia de éste se acrecentó con la población y riqueza de los 100.000 «subanos», pobladores del extenso territorio comprendido entre la bahía de Pangüil, seno de Sibuguey y puerto Dumanquilas, bahía de Macajalar y Zamboanga, porción casi inexplorada y de la que el ingeniero de montes señor Vidal y Soler, que remontó una gran parte del río Dumanquilas, dice ser la más rica y de más exuberante vegetación en Mindanao.

En el desarrollo de los graves acontecimientos que se suceden en Mindanao y en previsión de futuras contingencias, deben tener presente los Gobiernos y la prensa, que viene a ser quien más ilustra la opinión, que no es solo en el N. de África donde se ofrece un gran porvenir a los intereses sagrados de la Patria. También en el extremo Sur de las Filipinas, los ricos terrenos de Mindanao, con su fertilidad asombrosa y la riqueza de sus productos, brindan ancho campo a la actividad de nuestra raza y a la expansión comercial de que tan necesitado está nuestro país, falto hoy de mercados para sus productos.

La riqueza de Mindanao maravilla a cuantos la conocen profundamente. Entre Misamis y Surigao y en los terrenos de Iponan, Pigtao y Puiholugan, pueblos cristianos de la costa N., inmensa extensión de terrenos auríferos, superiores en riqueza a los de Australia, ofrecen a la industria minera fabulosas ganancias.

Zamboanga, Lanao y los territorios del seno de Davao, producen, a pesar de la deficiencia del cultivo, cafés riquísimos que alcanzan elevada cotización.

Los ríos *Butuan*, Grande, Dumanquilas, Cagayan y otros menos importantes, son excelentes vías, de valor inapreciable para el desarrollo del tráfico comercial. Y si es verdad que la climatología insalubre en las selvas vírgenes y fangosos carrizales de los terrenos bajos ocasionan mortíferas emanaciones palúdicas, en cambio la gentil Zamboanga indemniza sobradamente de todas esas desventajas.

Los habitantes de esta encantadora población tienen sangre hispana y son generosos y hospitalarios. Admírase allí una riquísima floresta que por todas partes brota, convirtiendo aquella comarca en vergel delicioso que compite en hermosura con los cármenes granadinos. Zamboanga, donde el Polombato, a semejanza del Darro, baña a la sultana de Filipinas, interrumpiendo con el suave murmullo de sus ondas deliciosa y enervante quietud tropical, ofrece con su purísimo y sano ambiente y con sus cristalinas aguas, que la zarzaparrilla purifica, savia regeneradora a la sangre anémica del peninsular, que vive en Joló, Tawi-Tawi y en los destacamentos militares de Mindanao, siempre prontos a dar su vida por el honor del Ejército y por el engrandecimiento nacional.

Si, como es de esperar, los intereses de la Patria, que en toda época y lugar deben estar muy por encima de las conveniencias particulares, han de merecer la protección que su importancia exige, debe tenerse muy en cuenta que no es solo lucha de conquista por las armas la que allí debe seguirse.

El fanatismo religioso de los mahometanos aconseja que a la ocupación militar no siga en Malanao una intransigencia religiosa, que solo daría por resultado mantener latente el odio de aquellas gentes y fomentar la despoblación en época no lejana de comarcas, ricas hoy por sus florecientes cultivos y la bondad de sus productos.

Debe evitarse a todo trance que los 300.000 malayo-mahometanos de Mindanao vayan a engrosar la población de Borneo, como ocurría el año 84 en Joló, desde donde, en vapores ingleses, subvencionados con fondos de aquel Gobierno militar para otros fines, miles y miles de familias abandonaron sus hogares, para caer en Sandacan bajo el poder despótico o esclavitud encubierta de las Compañías inglesas que explotan aquellos territorios.

Para evitar esto, necesítase que no sean solo los temperamentos de fuerza los que se empleen en la conquista de Lanao; es necesario también que se fije la atención en el problema político que envuelve la sumisión de aquellas gentes, y que, por algún tiempo, debe evitarse en absoluto la intrusión de las órdenes religiosas en los territorios recién conquistados. De otro modo, y sin beneficio alguno, ríos de sangre pregonarán a diario que esta terquedad impolítica da funestos resultados y esteriliza los esfuerzos de aquel sufrido Ejército, que casi olvidado, combate cual pudiera hacerlo en África, contra fiero enemigo que no da cuartel al herido ni al prisionero, y teniendo además que vencer los obstáculos insuperables que presentan las intrincadas selvas, bosques impenetrables y el clima insalubre de aquellas comarcas.

La distancia no debe ser óbice que amengüe el entusiasmo despertado con sus hechos por el soldado de Filipinas. Pues tanto allí como en la madre patria, el pecho del español filipino, como el del español peninsular, es santuario donde se rinde culto cariñoso y entusiasta a la nación. Por eso ésta debe agradecimiento a los vivos y recuerdo imperecedero para los héroes que en cruenta lucha pierden la vida en aras del engrandecimiento de la Patria, y procuran extender el benéfico impulso de progreso: «que así el peninsular como el filipino, no tengan uno para otro sino motivo de gratitud y mutuo cariño. (Balaguer.)»[2]

---

2   Artículo que publicamos en *El Globo* del 2 de Agosto del presente año. (N. del A.)

Reseña histórica

La historia de la isla de Mindanao constituye para las armas españolas su más gloriosa página desde la ocupación del Archipiélago filipino por nuestros antepasados.

Esta sintetiza la no interrumpida epopeya que coronó de inmarcesibles lauros al Ejército y la Marina, al sostener aquella heroica lucha de siglos contra fiero enemigo, cuyo valor indomable les dio si, justo renombre, pero que también fue ocasión a que el honor preclaro de las armas españolas alcanzara en la Oceanía, por sus hechos, la misma fama que inmortalizó a los bizarros tercios de Flandes.

Mindanao fue también hollada, primero que ninguna otra, en Filipinas, por las plantas españolas: y en las orillas del caudaloso *Butuan*, celebróse por vez primera el sacrificio de la misa ante las atónitas miradas de sus incultos moradores, que desde aquella fecha anhelaron conocer los dogmas del cristianismo que no tardaron en abrazar.

Pero veamos cómo el padre *Juan de la Concepción* describe la llegada a Mindanao de las distintas expediciones, hasta que el insigne Miguel López de Legazpy consolidó la dominación de España en las Filipinas o islas de los Luzones, como las llamaban los naturales.

«Partió el general de estas islas, que llamó de las Velas latinas o el archipiélago de San Lázaro, que es el que conservan, aunque se les añadió el de las Marianas: navegó 300 leguas con las proas al Occidente; descubrió muchas islas abundantes en mantenimientos, entendía su lengua un indio que llevaba Magallanes, que fue un total alivio: lo primero fue el *cabo de San Agustín, punta austral de la gran isla de Mindanao*: costeó la provincia de *Caraga*; entró por el estrecho de *Siargao*, que le forma la punta *Banajao* con la isla de *Leyte*; reparó en la isla de Limasaua, que está en la boca: a la novedad de gente y navíos acudieron pacíficos los naturales, y sabida su necesidad la socorrieron con un buen refresco; mostráronseles muy favorables, y les dejaron papeles en gratificación de sus agasajos; con ellos adquirieron cédulas reales que honran a su principal con el magnífico título de Príncipe... Con el buen rendimiento de los de Limasaua, descansaron y se refocilaron de sus pasadas miserias: tuvo noticia aquí Magallanes del río de *Butuan*, cuyo Datto o Régulo era más poderoso: resolvió ir a su boca con las esperanzas de la fama: correspondió a ellas el Príncipe: envió una embajada con diez hombres a inquirir ¿qué navíos y qué gente? Por su intérprete respondió Magallanes ser vasallos del grande y poderoso Rey de Castilla: solo solicitaba paz y el comercio libre: que le suplicaba le abasteciera de víveres por su precio justo: respondió el Régulo que no tenía para tanta gente con abundancia: que de lo que hubiese se repartiría: llevaron a bordo cuatro puercos, tres cabras y algún abasto de arroz; era día de Pascua de Resurrección (8 de abril de 1521); mandó hacer el general en tierra una enramada e hizo salirse toda la gente a oír misa, que se celebró con gran devoción de los asistentes dando gracias a Dios por tales beneficios; fue ésta la primera que se dijo en estas islas: mandó después elevar una cruz en un alto montecillo; a todo asistieron los naturales con mucha atención y ternura, tratando a los extranjeros afablemente y con docilidad; tomó posesión de aquella isla por la corona de Castilla en nombre de Carlos V, Emperador y su Rey, adjudicándole estos dominios con solemne acto».

«Pero ya se había visto que al N. de las Molucas había un grande archipiélago, y no pasaron muchos años sin que se pensara en asegurarle a la Corona de Castilla. El Virrey de Nueva España don Antonio de Mendoza, cumpliendo las órdenes de la Corte, dispuso una escuadrilla de tres buques al mando de Ruy López Villalobos, que salió del puerto de Juan Gallego, en las costas del Pacífico, el día 1.º de noviembre de 1542, en dirección a *las islas del poniente*, con orden expresa de no tocar en las Molucas. Después de una larga y penosa navegación arribó Villalobos, lo mismo que sus dos antecesores, a la parte oriental de la isla de Mindanao.» Por ser su costa puerca «dice Fr. Juan de la Concepción», la llamaron de los arrecifes: a 2 de febrero surgieron en un puerto de ella que denominaron Málaga, en altura de siete grados: detuviéronse refrescando en ella un mes; quiso poblar aquí Villalobos, que no lo hizo por haberla experimentado de intemperie grave; tomóse con los acostumbrados actos posesión de ella por la corona de Castilla: pusieron al lugar determinado para la fundación *Cæsarea Caroli*: por los vientos contrarios y fuerza de las corrientes fueron forzados la vuelta del Sur: arribaron a Sarragan: asentaron con los naturales paces, de que se arrepintieron muy pronto; pusiéronse en armas, y aunque se les importunó a que les vendiesen bastimentos, no hubo modo de reducirlos: usóse primero de todos aquellos medios que dicta la benevolencia: hizo la fuerza lo que no pudo el agrado: acometióse el pueblo: hicieron resistencia, pero se dieron a la fuga; no fueron seguidos pensando se reducirían con el escarmiento; no fue el vencimiento sin costa de sangre: fueron heridos algunos de los nuestros, de los que murieron seis».

«Para socorrer la extremada necesidad en que estaban, le pareció a Ruy López era conveniente hacerse amigo con el señor de Mindanao, 50 leguas de distancia, isla más abundante; preparó un navío con cincuenta hombres a cargo de Bernardo de la Torre; prevínole de rescates y mercaderías; llegaron a surgir a la boca de un gran río; era gente indómita, desabrida por los malos tratamientos de los portugueses; y así solo hallaron engaños y traiciones; la necesidad les obligó a los nuestros a aprovecharse de las armas; acometiéronlos en un elevado fuertecillo en que, no queriendo rendirse, mataron a los defensores; dando libertad a mujeres y muchachos volvieron a Sarragan con algún bastimento. En estas estrecheces convinieron despachar un navío a Nueva España que diese noticia de lo hasta allí operado, solicitando órdenes y socorros; también despacharon una galeota a unas islas que son las que se llaman Filipinas; después, y con este nombre, las marcaron los de esta armada en honor del príncipe heredero de la Corona»... Quiso Dios que la embarcación que fuese a las Filipinas volviese con copia de víveres: habilitados así, resolvieron ir a aquellas islas, especialmente a la de Abuyo, de que tuvieron noticia que era la más abundante; que los naturales lo deseaban y serían bien recibidos en ella: acomodáronse en un navío grande: en dos bergantines que habían construido y en otras embarcaciones menores; salió esta escuadra a la mar, el tiempo les fue tan contrario que les fue preciso entrar en una bahía ensenada de Cesárea; despachóse embarcación que solicitase víveres: volvió con el mal despacho de que al tiempo de los rescates les habían asaltado los indios y les habían muerto once hombres, quedando los restantes muy flacos y fatigados: la escasez era ya tal que solo se racionaban cuatro onzas de arroz, y esta estrecha economía solo diez días podía entretenerse».

La suerte desgraciada que acompañó siempre a Villalobos le produjo pesadumbre tan intensa, que murió en Ambonia (Malucas) después de hecho prisionero por los portugueses.

A pesar del desaliento que infundió en la península el éxito desgraciado de estas expediciones, se ordenó lo conveniente para organizar la quinta expedición a los mares del Poniente. Se organizó ésta por Miguel López de Legazpi, que se encontraba en Nueva España, con encargo de que le acompañase el sabio marino Urdaneta.

Componían la escuadra cinco buques, tripulados por 400 hombres, que salieron del puerto de Natividad el día 21 de noviembre de 1564.

Después de tocar en Samar y *Leyte* despachó Legazpi una embarcación a fin de que buscase víveres en Butuam, regresando a los quince días con provisiones y la noticia de que los naturales recibirían bien a los españoles.

A pesar de las buenas disposiciones del Régulo de Butuam, Legazpi hizo rumbo para Cebú, donde quizá pensara vengar el asesinato de los españoles que acompañaban a Magallanes, pero vientos contrarios lo arrojaron a la costa de Dapitán, cuyos habitantes, boholonos en su mayor parte, agasajaron a los españoles con abundancia de provisiones y los proveyeron de prácticos que les guiasen a las islas inmediatas.

En 1578 el gobernador general «Sande», a su vuelta de una expedición que hiciera a Borneo, destacó al capitán Rodríguez de Figueroa a la isla de Mindanao a fin de que la redujese a la obediencia de la corona de Castilla.

Sus habitantes, amedrentados por el prestigio que nuestras armas adquirieron en aquellos mares, cedieron a cuantas condiciones les impusiera Figueroa, formalizando acta de vasallaje que estuvo en vigor el tiempo que tardaron en zarpar las naves; que el moro nunca se distinguió por la observancia de los pactos que realizara.

Deseando Figueroa dominar en absoluto a Mindanao, solicitó y le fue concedido como encomienda y por dos vidas, todos los terrenos que en la isla sometiese.

Este caudillo no llegó a disfrutar del beneficio que le fue conferido, puesto que en el primer desembarco contra los buhayanes murió de un golpe de *campilán.*

A éste sucedió la Jara en el mando de la expedición, que por abusos que cometiera fue relevado por Ronquillo, que ejerció en Manila las funciones de Maestre de campo. Su segundo, García Guerrero, derrotó al Sultán de Mindanao Buhisan y a los 600 auxiliares que le habían sido facilitados en Tarnate, los cuales murieron casi todos en aquel sangriento combate.

Estas ventajas fueron mal aprovechadas por Ronquillo que atraído por la vida regalada que se hacía en Manila, propuso y fue aprobado el abandono del fuerte de Tampacan, quedando solo en Mindanao un pequeño destacamento en el puerto de la Caldera al O. de Zamboanga (1589).

El desprestigio en que por esta retirada cayeron las armas españolas alentó a los de Mindanao, que armando una numerosa escuadrilla con 3.000 tripulantes recorrieron las costas de *pintados*, asolando los pueblos playeros, cuyos moradores huyeron a los montes, de donde se hizo difícil convencerlos bajasen a sus antiguas viviendas, por haber propalado una vieja agorera que los españoles estaban de acuerdo con los moros para exterminarlos.

En 1602 Bravo de Acuña organizó nuevas expediciones contra los Sultanes de Mindanao, pero el resultado no correspondió a las esperanzas por la tenaz resistencia de los fuertes que éstos tenían, los cuales no fue posible rendir.

Silonga, Régulo de Buhayen, solicitó paces de Acuña, mandando de embajadores a los principales prisioneros castellanos que en su excursión hiciera.

En 1609 don Juan de Silva visitó la costa N. de Mindanao a fin de reprimir las excursiones de los caragas a pintados, fundando el fuerte de Tandag, donde dejó artillería y numerosa guarnición.

Ejerciendo el cargo de Gobernador general don Fernando de Silva, el astuto y valiente Sultán de Mindanao, Corralat, ofreció por medio de una embajada la libre entrada de los misioneros en sus Estados y lugar donde más conviniese para construir fortaleza y pueblo de cristianos. Desechadas estas proposiciones, pronto se dejó sentir en el resto de la isla la influencia del hombre temido que arrancó de Mindanao el poder e influencia de nuestras armas.

Los caragas que ocupaban las inmediaciones de Tandag se sublevaron en 1629, y en 1631 dieron muerte a Bautista, castellano de aquella fortaleza, que fue asesinado, y a continuación alanceados los pocos españoles que le acompañaban. La insurrección se hizo general, y en Tandag, Surigao y Baucag fueron asesinados los religiosos. El jefe del alzamiento «Mangobo» fue después indultado a instancia de otros religiosos que fueron respetados por él.

En esta época se pone de manifiesto de modo escandaloso las rivalidades de las distintas órdenes monásticas.

Las no interrumpidas excursiones de Mindanaos y Joloanos a las Visayas, levantó clamoreo general en aquellas islas, haciendo presente la necesidad de construir un fuerte que contuviese a los mahometanos, para lo cual contribuirían cada tributo con una ganta de arroz; contribución que después tomó el nombre de *donativo de Zamboanga*.

Celosas las demás corporaciones de la preponderancia de los jesuitas, combatieron tenazmente esta idea; pero el Gobernador general, comprendiendo su utilidad, comisionó al capitán Juan de Chaves, quien pasó a Mindanao con 300 españoles y 1.000 visayas. En 23 de junio de 1635 se construyó la fortaleza de Zamboanga, dirigida por el padre jesuita Melchor Vera, quien ya traía los planos extendidos de antemano.

Don Sebastián Hurtado de Corcuera sucedió en el Gobierno de las islas a don Juan Cerezo, que ejercía el cargo interinamente. La llegada de este caudillo coincidió con las excursiones piráticas más devastadoras hasta entonces realizadas por los moros en las provincias cristianas. El esforzado genio del nuevo caudillo y su carácter emprendedor, a que ayudaba un valor temerario, le sugirieron la idea de conquistar a Mindanao y Joló, a fin de terminar de una vez con el feroz enemigo que asolaba las ricas provincias de Visayas y S. de Luzón. A este efecto organizó una expedición que se componía de cuatro compañías de soldados españoles, tres de marinería y cerca de 2.000 indios de Pampanga y Visayas.

Esta fuerza salió de Manila el 2 de febrero de 1637; el 22 llegó a Zamboanga, donde fue reforzada con tres compañías de españoles y algunos naturales que en aquella fecha empezaron ya a distinguirse por su lealtad y patriotismo: ultimados los preparativos e impaciente Corcuera, se adelantó con cuatro caracoas al río Grande; tomando, tras rudo combate, el pueblo de Lamitan, donde residía el temido Sultán de Mindanao Cachit Corralat.

Este huyó después de la derrota de su ejército, cuyo número no bajaba de 2.000 hombres, cayendo en poder de los españoles ocho cañones de bronce, 27 de pequeño calibre, 100 arcabuces e infinidad de armas blancas. No contento con esto, Corcuera mandó ahorcar setenta y dos moros, quemar infinidad de pueblos y destruir cuantas embarcaciones apresaron.

Pero no fue éste el hecho más sangriento y glorioso realizado por el Ejército en Mindanao. Refugiado Corralat en un fuerte inexpugnable, en el que se hallaba en crecido número su gente más aguerrida y fiera, es atacado de nuevo por Corcuera, dispuesto a ultimar la empresa que había meditado, sin arredrarse por la posición inexpugnable del enemigo; veintiséis muertos y ochenta heridos le costó al Ejército el primer ataque sin conseguir ventaja alguna.

Este contratiempo no amengua el valor del soldado, y al siguiente día, tras terrible asalto, es tomada la fortaleza realizándose para ello prodigios de valor temerario; en esta jornada modelaron nuestros soldados con ríos de sangre generosa la más gloriosa página que registra la historia militar de la dominación española en Mindanao.

Después de penosa marcha por áspera pendiente, donde se hacía necesario trepar con el arcabuz colgado y entre los dientes la espada, ancho y profundo foso corta el paso a las trincheras enemigas; la daga y los crispados dedos substituyen a la escala al trepar por los escalpes; numerosos soldados pagan con la vida su arrojo; el capitán Ugalde recibe dos balazos; el mayor Corcuera, acribillado de heridas, hinca la rodilla en tierra y así continúa la defensa de su puesto; el temerario abanderado Amerquita logra plantar su enseña sobre el parapeto enemigo, pero cae cubierto de heridas en la cabeza y garganta; Castelo ataca briosamente por el lado opuesto a los mahometanos, que amedrentados ya, son derrotados y huyen precipitándose por un derrumbadero, donde muchos pierden la vida; y cuando un numeroso cuerpo de moros, conducidos por el mismo Corralat, atacan con furia salvaje, por la espalda, a fin de proteger a los del fuerte, el capitán Becerra que cubierto de heridas se hallaba postrado, se presenta en la lucha sobre los hombros de dos soldados, arenga a su tropa y acorrala al enemigo con tal coraje, que Corralat quedó herido, salvando la vida en fuga precipitada.

Esta victoria, aunque costó sensibles pérdidas, elevó en alto grado nuestro prestigio, aparte del rescate de infinidad de cautivos y el cuantioso botín que se recogiera.

La fama del triunfo repercutió a las islas más lejanas, y desde Joló doscientas familias solicitaron y obtuvieron establecerse en Zamboanga, donde fundaron el pueblo de *Magay*.

No fue suficiente castigo el que queda relatado para que depusieran su actitud belicosa los Mindanaos, ni tampoco para hacerles desistir de sus expediciones pirateras; lo que sabido por «Almonte» a la vuelta de las Molucas se entró por la Sabanilla (bahía Illana) en 1639 con tropas escogidas sacadas de Molucas y escogido contingente de españoles e indios, mas los auxilios que les prestaban los de Sibuguey.

Después de penosas operaciones, por lo fangoso del terreno de Buhayen, la fortaleza de Moncay, Régulo del país, que era el que provocara la campaña, sufrió estrecho cerco hasta que los defensores de ella, comprendiendo que era inútil la defensa, la incendiaron y abandonaron a media noche; para esto atacaron con furia nuestras líneas a fin de escapar y facilitar la huída de sus familias. Tan porfiado y sangriento fue el combate entre los moros y los manobos aliados defensores de aquel punto, que el campo quedó cubierto de cadáveres y gran número de combatientes perecieron en los pantanos.

Por aquellas fechas nuestras armas realizaron hechos gloriosos en la costa N., por más que el resultado en definitiva no resultase satisfactorio.

Los recoletos, establecidos de antiguo en aquella parte, proseguían con éxito sus trabajos, extendiendo su influencia a pesar de la oposición que encontraban en los naturales, sugestionados por el astuto Corralat.

Hacia el año 1624 el padre San Agustín, hombre valeroso y emprendedor que ejercía el curato de Cagayan, levantó el fuerte de Linao para poder rechazar los continuos ataques de Corralat, que ambicionaba posesionarse de la costa N. ayudado por los Malanaos a quienes se había impuesto.

En una de las algaradas de éstos, el padre San Agustín, irritado por los daños causados a sus feligreses, los persigue derrotándolos en sus mismos pueblos, que fueron saqueados y destruidos; siendo aquella la primera vez que los españoles llegaran hasta la laguna.

A ruegos de los jesuitas, que creían tener mejor derecho que los recoletos al territorio de Lanao, el gobernador general comisionó al capitán Atienza para que pasase a la laguna y la tuviese por España, empresa que este valeroso capitán realizó cumplidamente, conquistando y destruyendo cuanto se opuso a sus designios, Atienza dio la cura de almas a los recoletos por la eficaz ayuda que prestaron a la empresa.

Las intrigas que entre los mismos naturales se pusieron en juego por ambos bandos, motivó entre aquellos grande desprestigio de cuanto fuese patrocinado por el nombre español; así es que en la expedición
de Pedro Fernández del Río, y posteriormente la de Bermúdez de Castro, fueron suficientes para evitar que los malanaos levantados en armas nos hicieran abandonar en definitiva su territorio.

Si en Malanao nuestros asuntos no andaban muy prósperos, por desgracia no era tampoco muy satisfactorio el aspecto de la lucha no interrumpida que sosteníamos contra Corralat, el que al frente de sus aguerridas tropas mermaba continuamente, unas veces por la astucia y otras por su valor, nuestra influencia y poderío en Mindanao.

En esta época el valeroso Marmolejo, que marchaba con refuerzos al fuerte de Buhayen, retó al Sultán de Mindanao, el cual, si bien no aceptó el combate personal a que éste le citaba, esperó con más de 200 embarcaciones a la única que montaba Marmolejo. Tras tremenda lucha, en la que los moros iniciaron varias veces la retirada, y cuando no quedaba un solo hombre útil en el champán, Marmolejo fue hecho prisionero por Corralat; admirado este caudillo del valor temerario del castellano, le concedió la vida y la libertad sin exigirle rescate; liberalidad que contrasta con la orden de Corcuera para que *Marmolejo fuese inmediatamente decapitado en Zamboanga.*

En 1646 los holandeses intentaron la ocupación de Zamboanga, y vista la imposibilidad de esto, el puerto de la Caldera, pero de ambas partes fueron rechazados con grandes pérdidas.

En 19 de enero del 1659 Esteibar, que recorría las aguas de la Sabanilla con dos caracoas, ataca y rinde un gran navío holandés que protegía a una escuadrilla de mahometanos. A continuación, y aprovechando el entusiasmo que este hecho produjo en su gente, cargó sobre Buhayen, obteniendo completa victoria, sin conseguir que el temido Corralat admitiese combate.

La medida más impolítica que registra la historia de Mindanao se realizó en 1663, al efectuar el abandono de la fortaleza de Zamboanga bajo la presión de miedo que en el ánimo del Gobernador general produjo la amenaza del pirata chino Kue-Snig.

Engreído éste, por haber arrebatado a los holandeses la Formosa, exigió parias a los *españoles del reino de Filipinas bajo pena de exterminio.*

Manrique de Lara, arredrado ante el peligro, ordenó la retirada de las fuerzas que guarnecían las provincias más remotas de la capital, medida funestísima que dio origen a nuevas y más devastadoras incursiones de los piratas en las provincias cristianas, que con esto sufrieron gravísimos daños.

Desde el abandono de Zamboanga disminuyó grandemente la importancia de los pueblos cristianos, que a costa de tantos sacrificios habían conseguido formar los jesuitas, y ante la inminencia de perder el fruto de tan rudos trabajos y de tanta sangre que había esto costado, la Compañía recurrió a la Corona, obteniendo Real Cédula, que ordenaba la ocupación del antiguo fuerte, a fin de poder atender a la represión de la piratería.

Fueron necesarias dos nuevas Cédulas Reales y que el Gobernador general desatendiese el parecer de la Junta de autoridades para que los jesuitas viesen conseguidos sus deseos en 1718, medida que en aquella ocasión era la que demandaba la seguridad del país y exigía el decoro nacional.

Zamboanga se mantuvo aunque con mucha dificultad; concluido de reedificar el fuerte, 5.000 moros le pusieron estrecho sitio, faltando poco para que cayera en su poder, librándolo de tamaño desastre su gobernador Amorrea, que fuerte de ánimo supo vencer los muchos contratiempos que acarreaban la falta de víveres y bastimentos.

En 1726 se concluyó un tratado de paz entre nuestro Gobierno y los sultanes de Joló y Mindanao, el cual fue ratificado por el Rey al cabo de algunos años.

En 1744 las reiteradas protestas de amistad de aquéllos y a instancias de los jesuitas, el Rey Felipe V les dirigió afectuosas cartas reconociéndoles su soberanía, puesto que al de Mindanao llamaba Rey de Tamontaca por nombrarse así el pueblo que aquél habitaba, *exhortando a ambos a que*

admitieran misioneros en sus estados y abrazasen la religión católica, permi-
tiendo asimismo que se construyeran iglesias; proposiciones que sirvieron de
pretexto al de Tamontaca para pedirnos bastimentos de guerra, pero esqui-
vando la admisión de misioneros para así evitarse el odio de sus súbditos;
y en verdad que reveló en aquel caso el mahometano, mejor sentido que
los padres, porque si no habían de hacer prosélitos, como de ello estaban
persuadidos, no tenía objeto alguno su estancia en la corte de Tamontaca, a
menos que allí pensaran dedicarse a más lucrativas ocupaciones.

En esta época el poderío de los mahometanos llegaba a su mayor apo-
geo en Mindanao: nos habían arrojado de la Sabanilla, del río Grande y de
Tamontaca; el abandono de Lanao les había hecho dueños de aquellos ricos
territorios, de los que extraían grandes riquezas en productos de su fértil
suelo, y entre las razas montesas, a quienes hicieron creer que nos habían
exterminado, hacían prosélitos y reclutaban gente de guerra.

También en aquellas fechas ayudaba a acrecentar el poderío de los moros, las especiales condiciones sociológicas de los míseros habitantes de los
pueblos cristianos.

La tributación que estaba obligado a satisfacer el indio súbdito de España era enorme y onerosa: contribución a la Hacienda; prestación personal;
diezmo y santorun a la iglesia, mas las *contribuciones extraordinarias para
las atenciones de guerra*, arrebataban al pobre cultivador el total beneficio
obtenido en sus industrias. A más de esto, la aplicación de justicia que se
verificaba entre aquéllos como si fuese ya pueblo educado en los progresos
de país civilizado; redundaba solo en desprestigio del principio de autoridad,
porque la tramitación lenta no daba en los casos oportunos lugar a la ejem-
plaridad de un pronto castigo.

El disgusto de los indios al observar que éramos impotentes para contrarrestar a los mahometanos, los usos y costumbres del moro que tanto se
asemejaba a las suyas, y los ofrecimientos de éstos, que en aquella época
desplegaban policía sagaz e inteligente para atraerse al indio, determinó una
grande emigración a las islas del S. con la consiguiente despoblación de las
provincias cristianas.

Más de un *alcalde* justificó esta despoblación con supuestas invasiones piráticas, pero lo que no admitía duda, es que crecido número de cautivos, después de rescatados, volvían de nuevo al lugar de su cautiverio.

Porque debe tenerse muy en cuenta, que la esclavitud que el mahometano impone en Filipinas no es la despótica de la raza blanca sobre la negra; es solo una especie de obligación en la que el esclavo, si bien obedece ciegamente a su dueño y para él trabaja y por él muere, tiene la compensación de que constituye una parte de la familia, disfrutando en ella de todos los beneficios de la mancomunidad, y en los asuntos de interés general toma parte alternando con el ciudadano libre: a veces con sus mismos señores.

Desde que el Sultán Cachit Corralat con su astucia e indomable valor consiguiera en definitiva ventajas sobre nuestro Ejército, los Mindanaos, que no podrán apreciar las causas internacionales que obligaron a desamparar su territorio, y creyendo que esto era resultado de su esfuerzo, cobraron nuevos alientos, pudiendo decirse, que desde entonces fue permanente en aquellos mares el estado de guerra.

Si alguna vez los moros se consideraban debilitados para continuar la lucha, o si se veían en grave aprieto, era para ellos socorrido recurso el de solicitar paces, que se guardaban bien de cumplir una vez repuestos y que se consideraban con fuerzas para emprender nuevas degradaciones en los pueblos cristianos.

En 1749 se retiró la guarnición del fuerte de Tamontaca, encargado de proteger a los misioneros que allí se encontraban.

A poco, los moros pusieron estrecho cerco a Iligan, importante presidio de la bahía de Misamis, que sin el aliento del padre Ducos, encargado de su defensa, hubiese caído en poder del enemigo. Aumentados hasta 3.000, los moros atacaron a los pueblos de la jurisdicción de Misamis, pero los monteses de Tagoloan, Cagayán de Misamis y Lubungan, reunidos ante el peligro, los arrojan del territorio con grandes pérdidas.

La provincia de *Caraga* fue desvastada por los piratas llegando a saquear a Surigao, que era la capital; *Butuan* tampoco se libró de esta plaga asoladora, quedando desiertos sus pueblos más importantes.

En medio de tanto desastre se destaca el hecho heroico de Esteban de Figueroa, que mandaba la galera Santiago. Cercado este buque el 2 de octubre de 1753 por treinta y tres embarcaciones de Mindanaos Illanos, se bate con valor temerario, hasta el momento en que persuadido Figueroa de que la victoria era imposible por haber el enemigo invadido la galera, dio fuego al pañol de pólvora destruyendo así las naves piratas, al mismo tiempo que perdían la vida los cincuenta y dos bizarros marinos que tripulaban la Santiago. Y no fue aquél el último ni tampoco el más sangriento desastre de aquella época calamitosa que distinguió a los últimos años del pasado siglo.

El fuerte de Tandag, baluarte el más seguro y cabecera de los dominios de la costa N., fue sitiado por mar y tierra en 1754 por todas las fuerzas que pudo reunir el Sultán de Tamontaca, cuyo número pasaba de 3.000 hombres e infinidad de embarcaciones. La guarnición del castillo se componía de una compañía española y otra pampanga, que en junto sumaban 300 hombres.

Cuando transcurridos dos meses del sitio, el hambre había diezmado a la guarnición, una mañana lluviosa, en la que se apagaban las mechas de cañones y arcabuces, los moros toman al asalto el baluarte, barriendo desde aquel punto los almacenes y sala de armas donde se habían refugiado los defensores. Conoce el castellano que no es posible prolongar la defensa, y dando muerte a su esposa se arroja sobre la morisma hasta caer acribillado de heridas, perdiendo la vida como asimismo toda la guarnición; pues los moros, irritados por las enormes pérdidas sufridas en el último ataque, prefirieron el placer de su venganza al valor que en la esclavitud hubieran representado aquellos infelices.

Sin la actividad incansable del padre Ducos, los moros se hubieran enseñoreado de toda la isla: pero éste, ayudado de Afreasio, capitán entendido y valiente, derrotó a los moros en Panguil, Misamis, Ynitao y otros puntos de la jurisdicción de Ylígan, causando al enemigo una pérdida de más de 300 embarcaciones y muerte de 2.000 mahometanos, sin contar los cautivos que fueron libertados.

Esto amenguó mucho los ánimos de la morisma y a no ser porque la ocupación de Manila por los ingleses obligó al abandono de la activa campaña emprendida, difícilmente hubieran podido los mahometanos reanudar las sangrientas correrías que distinguieron los primeros años del presente siglo, en las que puede decirse que consiguieron la destrucción total de las provincias de Surígao y Misamis, desamparadas por completo por el Gobierno general del Archipiélago.

La preponderancia de los Mindanaos fue en aumento hasta el año 1846 en que la aplicación del vapor a los buques de guerra inició era de tranquilidad para los infelices indios de nuestras provincias, marcando de modo infalible la ruina del poder pirático de los malayo-mahometanos.

Establecidos los pequeños cañoneros de vapor, las embarcaciones piratas perdieron todas las ventajas que por su ligereza y poco calado para navegar en bajos y arrecifes les había dado hasta entonces gran superioridad sobre nuestras fuerzas marítimas encargadas de su persecución.

Méndez Núñez, Malcampo, Barcáiztegui, Apodaca, Madrazo, Ramos Izquierdo y otros bravos marinos que dieran a la patria días de gloria, son los encargados de mandar estas débiles embarcaciones, cuyos acerados cascos, dirigidos por manos expertas, dieran el golpe de gracia a la fiera chusma que durante tres siglos nos disputara el dominio de las Filipinas. Ya no fueron los estrechos canales guarida para el pirata en caso de peligro, ni el río desconocido refugio seguro como antes ocurriera; a los mayores elementos acompañaron hombres de mayor bravura y heroísmo; expediciones de miles de piratas y numerosas embarcaciones de gran porte son destruidas por uno solo de estos pequeños barcos, cuya dotación no excedía de 40 hombres; pero el desastre no arredra a aquellos fanáticos, y a una escuadrilla reemplaza otra, ganosos de renovar sus pasadas correrías, que tan fructíferas les fueran.

Deseoso de asestar el golpe de gracia a los piratas de Mindanao, valido de la superioridad de nuestras fuerzas marítimas, el Gobernador de Zamboanga resuelve la ocupación del delta del río Grande, centro del poderío mahometano en aquella isla. El valor sereno del vencedor del Callao, jefe de las fuerzas de mar, y el heroísmo de Malcampo, lanzándose al asalto de la cotta de Pangalungan desde el bauprés de la Constancia, seguido de una compañía de desembarco, reverdecieron las glorias tradicionales de la marina, llevando el terror a nuestros enemigos, convencidos ya de su impotente inferioridad.

A la ocupación de Tumbao sigue la de Tavirán y otros puntos secundarios, que aseguraron de una vez y por completo la dominación de aquella parte de Mindanao.

Este fue el primer plan meditado que desde tiempos remotos se concibiera y fuese puesto en práctica con singular energía para obtener la sumisión completa de la isla.

Para facilitar la ejecución de este proyecto se creó en 1860 el Gobierno general de Mindanao, dividiendo el territorio en seis distritos y dando amplias atribuciones al Gobernador general.

En 1876 la toma y ocupación de Joló por Malcampo concluyó con el más firme baluarte de la piratería, cuyos benéficos efectos se dejaron sentir en Mindanao, por ser éste el punto de donde recibían armas, municiones y cuanto necesitaban para sostener una resistencia tan prolongada como inútil: la hora de su destrucción había sonado, y ellos, fatalistas por temperamento y por religión, si por fanatismo no se entregan, el convencimiento de su impotencia los ha conducido a un extremo que tiene dos soluciones únicas y cuyo desenlace debemos acelerar: o el exterminio por la guerra, que a más de ser inhumano y antipatriótico nos costaría mucha sangre y dinero, o la atracción por medio de una bien entendida tolerancia político-religiosa: en este caso se necesita que en algunos puntos se trueque los fuertes en mezquitas, y la consignación cuantiosa de atracción y espionaje no se formalice en parte con haberes de astutos y pérfidos renegados, sino con la asignación fija señalada a sus panditas, puesto que rota la unidad política aquellas gentes no conservan otro lazo ni reconocen otra solidaridad que la religiosa, y ésta es en ellos fuerte e indestructible si no con la vida.

Del 70 al 73 nuestras armas vuelven a sufrir nuevos desastres en Mindanao. Careaga se ve obligado a reembarcar en Bohayan, y una fuerte columna que salió de Cottabato para someter a los indómitos habitantes de Talayan, es completamente derrotada por Utto y sus parciales, haciéndose necesario por esto el abandono de Bonga y otros puntos avanzados del río Grande.

En el año 1883 el general Jovellar, que ocupaba el mando superior del Archipiélago, estudia con detenimiento los graves problemas que envolvía la ocupación de Mindanao. El resultado de la información hecha por este distinguido general, fue disponer un aumento considerable en la consignación que para los gastos de esta isla se incluía en el presupuesto, y venir en conocimiento de que «el sistema de pasividad que se venía observando en Mindanao era el menos a propósito para adelantar en la importante empresa de su gradual ocupación y dominio; que lejos de eso, no haciendo nada en el terreno material, entendía que se había perdido y se siguió perdiendo su autoridad moral, lo que merced al sistema de contemporización ganaban en confianza de su propia fuerza y poder las razas no sometidas, y era de parecer que se debía iniciar un período de actividad sin comprometerse en grandes y costosas operaciones».

El que así piensa y obra es digno del aplauso de sus conciudadanos; el que torpe y abandonado por ambición derrama sangre inútilmente contra los consejos de la experiencia, y por desidia, ya demostrada en épocas anteriores, compromete el prestigio del Ejército y la vida de sus subordinados, no solo no se hace digno de recompensa, sino que debe, como censura de sus hechos, ser relevado de puestos que exigen más desinterés y mayor conocimiento de las prácticas militares; que si el Gobierno puede ser desorientado en un momento por efecto de su mismo patriotismo, ganoso del engrandecimiento nacional, la masa grande y anónima que se llama país deba mantenerse alerta, haciendo repercutir en el sagrado e inviolable eco del periodismo sus recelos y censuras para desenmascarar ante esos mismos Gobiernos a aquellos hechos cuya corrección y desinterés sean dudosos y no satisfagan las aspiraciones unánimes de aquéllos que todo deben sacrificarlo al prestigio de la patria.

En 1886 Terreros dominó el curso medio del río Grande, sometiendo al temido Datto Utto, ocupando y estableciendo los destacamentos de Bacat, Cudaranga, Lion y Pirámide.

Iniciada esta era de conquista, Weyler en 1891 da más vigoroso impulso a la reducción de Mindanao, estableciendo los destacamentos de Barás, Parang-Parang y Malabang en la bahía Illana, dificultando las comunicaciones de ésta con Lanao. Balatacán, Tangog y Liagán en Panguil; y penetrando por la costa N. hacia la laguna, estableció la Comandancia militar de Momungan en el trayecto que media desde Iligan a Lanao.

Por último, este general dispuso la arriesgadísima operación de destruir la ranchería de Marahuy, en las mismas orillas de la laguna, operación que se realizó en todas sus partes con el más brillante éxito.

En el año último reanúdanse de nuevo las operaciones con el objetivo de realizar de una vez la ocupación efectiva de la laguna de Lanao. En 10 de octubre, 25 de noviembre, 15 de diciembre últimos y 2 de marzo del actual, el coronel don Nicolás del Toro consigue la ocupación de Pantar tras brillantes triunfos, en los que los moros dejaron sobre el campo de batalla más de 80 muertos.

El 2 y 3 de junio los moros atacan los convoyes, trabándose sangrientos combates; el mismo día 3 se sostuvo otro combate en las inmediaciones de Cabasaran.

El día 9 el teniente coronel O'Dena, que mandaba dos compañías del 7, fue atacado camino de la laguna de Cabangan, impidiendo con su conocimiento del arte de la guerra una sorpresa, al par que conseguía el más señalado triunfo que se registra en esta campaña.

Y si a poco nuestros soldados son diezmados por haber sido mandados a trabajos sin el debido resguardo, el 24 de julio, cumpleaños de la Augusta Señora que hoy rige los destinos del país, fue celebrado con brillante victoria, en la que los Malanaos han dejado 200 hombres en el lugar de la lucha.

Esto prueba lo que al principio dejamos dicho; el valor de nuestros soldados será suficiente para destruir todo obstáculo que se le oponga hasta conseguir queden por España los territorios de Lanao; pero en cambio, lo que no podrá evitar, lo que es imposible se consiga ni aun con la punta de las bayonetas, es que aquellas gentes, fanáticas por sus creencias religiosas, admitan sin sangrienta protesta la ingerencia de extraños en sus usos y costumbres, y más que nada que se trate de ejercer presión alguna en lo que respecta a las creencias religiosas.

Descripción Geográfica

Esta grande y privilegiada isla, la segunda en extensión del Archipiélago filipino, se encuentra situada entre los 5º 36' y 9º 40' latitud N. y 125º 30' y 130º de longitud oriental del meridiano de Madrid.

Los mares que la bañan son el Pacífico al E.; por el N. y O. los de Mindoro y Visayas, y al Sur el mar de Joló o de Celebes.

Su extensión no está precisada con exactitud, pero puede calcularse sin grande error en unos 94.000 kilómetros cuadrados.

Hidrografía

Costas

De don Camilo de Arana y otros autores, tomamos algunos de los siguientes datos:

La costa S. de Mindanao, comprendida entre Zamboanga y Pollok, presenta tres entradas notables, tales como el seno de Sibuguey, el de Dumanquilas y la gran bahía o golfo de Illana; todas tres se hallan rodeadas de montes que forman la gran cordillera central que corre la isla de E. a O.; las ramificaciones de esta cordillera se dirigen, la principal hacia Zamboanga y las otras menores que bajan a formar las tierras, comprenden el seno de Dumanquilas separando el seno de Sibuguey del golfo o bahía Illana.

Esta bahía se halla separada de la de Pangil en el ángulo SO. de la bahía Iligan, que se abre en la costa N. de Mindanao por un istmo de unas 15 millas de ancho, que en otro tiempo ha servido de paso de una a otra costa y que parece no presenta grandes dificultades el efectuarlo.

Seno de Sibuguey. Desde la salida NE. del canal de Sacol, la costa de Mindanao corre 53 millas al NNE., y recurvando después avanza unas 30 millas hacia el S. formando el espacioso seno de Sibuguey, que por la parte SE. termina en la isla Olutanga. Las costas de este seno se hallan bordeadas de varias islas y las puntas de pequeños arrecifes; pero en la parte SE. éstos se extienden cerca de 7 millas hacia el medio del seno.

El grupo de Panubigan, formado por quince pequeñas islas y varios islotes, se extiende a lo largo de la costa de Mindanao, entre la punta de la isla Pitás, inmediata a la visita Bolon, y la punta Coroan que dista 6 millas al N. de la primera.

Estas islas son frondosas, limpias y acantiladas en su mayor número; forman entre sí y con el pequeño bajo fondo o playa de la costa, estrechos canales de 5, 11 y 15 metros de profundidad; las islas Bacungan y Paton, que son las más exteriores, se destacan 2 millas de la costa y están unidas por un corto arrecife, como también acontece al conjunto de islotes llamados Arcillas, que se hallan pegados al cerro Panubigan; al S. de este cerro desagua el riachuelo Maalat. La isla Palmabrava, la más N. del grupo, está rodeada de un bajo fondo que se extiende 1/4 milla al NO., que va casi a unirse con el que despide la costa; esta isla forma con la restinga de la punta Coroan un limpio y pequeño ancladero de 12 metros de fondo.

Puerto Banga. Es un pequeño, limpio y abrigado puerto, que se extiende unas 2 1/2 millas de NE. a SO., con un ancho máximo en la mitad de su longitud de una milla. Un islote, que se halla entre las puntas que forman la boca del puerto, la divide en dos canales profundos de 1 1/2 cable de ancho; el canal del E. está limitado por los cantiles del arrecife que la punta E. de la boca despide al SO. con 2 1/4 cables de extensión, y el que el islote de la entrada proyecta 3 cables hacia el S. En este canal se sondan 23 a 25 metros, fondo que va disminuyendo progresivamente hasta sondar 3,3 metros en el interior del puerto. Sus costas son acantiladas y el mejor fondeadero se halla entre 18 y 16 metros a media distancia entre la punta E. de la boca y un islote que está al N. y sobre la costa del puerto.

Isla Olutanga. Es muy baja; se halla cubierta de mangles y rodeada de arrecifes de piedra, cuyo veril peligroso acabamos de describir. Forma con la tierra firme de Mindanao un canalizo angosto y de bastante fondo, por el que pueden pasar falúas y pequeños cañoneros, y dos pequeños y abrigados fondeaderos; por medio del expresado canalizo puede pasarse del seno de Sibuguey a su inmediato al E. de Dumanquilas.

Seno de Dumanquilas. Se halla comprendido entre la extremidad S. de la isla Olutanga y la punta Flechas o Baganian, que demora 33 millas al E. 10° N. de la anterior; profundiza 25 millas al N., formando la ensenada de Dumanquilas, propiamente dicha, en el centro; a su parte O. las llamadas Tantanang y Tumalung, y al E. la de Maligay; todas ellas son abrigadas y de braceaje cómodo para cualquier clase de buque, aunque encierran varios islotes y pequeños bajos, acantilados en general.

Los montes Tres Reyes y el Kaladis o Lapiranan, terminación de una de las estribaciones hacia el S. de la cordillera principal que de E. a O. corre la isla de Mindanao, dominan la costa occidental del seno de Dumanquilas.

Senos de Tantanang y de Tumalung. Se forman entre la costa NO. de la isla Olutanga y la tierra firme de Mindanao; su entrada, abierta al SE., se halla comprendida entre los puntos Lapat y Taguisián, distante 5 1/2 millas entre sí.

El seno de Tumalung es una entrada que profundiza 3 1/2 millas para el S. en la isla Olutanga, de cómodo braceaje y resguardado de todo tiempo, que comunica al N. con el seno de Tantanang y al O. con el seno de Síbuguey, por el sucio canalizo que separa la Olutanga de Mindanao.

Seno y puerto de Dumanquilas. La bahía o seno de Dumanquilas abierto al S., tiene su entrada comprendida entre la punta Lapat, que como queda dicho despide bajo fondo que avanza 2 millas hacia el E., y la punta Dumanquilas, que es limpia y de proximidades hondables: con un ancho de 12 millas entre las expresadas puntas, profundiza 16 millas hacia el N., y estrechando a media distancia forma después un abrigado puerto de buen braceaje y tenedero entre las pequeñas islas y diferentes ensenadas que encierra, pues se sondan de 30 a 15 metros en toda la bahía y 9 metros muy cerca de sus costas.

Seno de Maligay-Banganga. Se abre inmediatamente al E. de la limpia y escarpada punta de Dumanquilas; tiene 5 millas de ancho en su entrada y profundiza otro tanto hacia el NE. pero el bajo fondo y arrecife que de las costas de esta parte se extiende hacia el SO., con fondo variable sobre el de 6,8 a 3,3 metros en su extremo, reducen la mitad próximamente la extensión del seno.

Bahía Illana. Es un pequeño golfo que profundiza unas 27 millas al N. en la costa S. de Mindanao, comprendido entre la punta de Flechas y la punta de Tapian, distantes 40 millas entre sí.

A su parte NO. encierra las sucias ensenadas de Dinas y Pagadián, y en la del SE. se halla el puerto de Pollok y desagua el río Grande de Mindanao. Se halla separado de la bahía de Iligan, que se forma en la costa N. de la isla, por un istmo de unas 13 millas de ancho.

El fondeadero de Barús, en el seno de igual nombre, se halla formado por la isla Ibus y la costa; esta última es limpia hasta el río, que desagua frente a la isla, y cuya barra destaca bancos de arena. Está abrigado de todos vientos, excepto de los del tercer cuadrante; la sonda en el fondeadero es de 18 metros, arena y conchuela. La parte N. de la isla Ibus despide arrecifes de piedra que salen 2 cables para fuera. La población mora se halla diseminada bajo el cocal que hay en la orilla derecha del río. Su Datto mantiene frecuentes comunicaciones con la gente de Lanao. Si hubiese que hacer aguada o ir a tierra, se deberá efectuar con precaución.

Puerto de Pollok. Situado al E. de la gran bahía o golfo de Illana, se halla comprendido entre la punta Mariga-bató (piedra colorada) al S. y la punta Panga (quijada) al N., distantes 4 millas entre sí. Profundiza 5 millas al E., formando en la costa N. los senos de Quidamak y Sugut, y en la del S. otro más espacioso que encierra al E. el fondeadero del establecimiento de Pollok y a su parte O. el de Paran-Parang. Este puerto es abrigado, limpio, de mucho braceaje, y aunque abierto al O. le protege la isla Bongo, que se halla delante de la entrada. Rodea a toda su costa un arrecife madrepórico muy acantilado, que en la del N. sale muy poco hacia fuera, pero que en la del S. avanza 2 y 3 cables, llegando a extenderse en la del E., al S. del seno de Sugut, una milla larga hacia el SO. hasta llegar a marcar la punta O. de este seno al N. 2° O. y la punta Lalayanga al E. 16° S.

La entrada en este puerto no ofrece dificultad alguna; sin embargo, la marca más notable que puede servir de guía es un montecillo aislado que se ve en el fondo de la ensenada comprendida entre la punta Lalayanga y la de Mariga-bató.

Seno de Parang-Parang. El seno SE. del puerto se llama Parang-Parang; al S. del cogonal grande que en él se ve, desemboca el río del mismo nombre, que tiene muy poco fondo, apenas se puede entrar con bote; su agua es muy buena y abundante; después de varios saltos se une con el río Simoay, al principio del curso de éste y antes de pasar por las lagunas de Balob. Al N. de la desembocadura del río hay una pequeña población de moros, que son amigos; no así los más internados y de Balob, que son malos.

Bahía de Saranganí. Se halla situada a 11 millas al N. de la extremidad meridional de Mindanao; profundiza según la carta unas 15 millas al N., y su entrada, comprendida entre la punta Bulaluan al O. y la punta Lumban (incierto), tiene 7 millas de ancho. Es una bahía muy acantilada y de mucho braceaje, y para fondear en los senos que forman sus costas es preciso hacerlo muy cerca de tierra y amarrarse a ella, pues a poco que garre el ancla se cae repentinamente a mucho fondo.

Un arrecife madrepórico que se extiende cerca de una milla hacia fuera rodea la punta Bululuan y corre bordeando las costas O. y N. de la bahía, formando entradas a los fondeaderos que hay en ellas.

Toda la costa O. es muy árida y el cogon mismo es muy raquítico; está formada de grandes llanuras que se extienden al NO. y N. cubiertas de esa yerba donde abundan los venados.

El monte volcánico Matutung (quemado), que demora a unas 9 millas al N. 1/4 NE. del pueblo de Mluk, y está en el ángulo NO. de la bahía, es muy elevado y se ve a mucha distancia.

La punta S. de Mindanao, cabo Sarangani o punta Tinaca, está formada de tierra alta y montañosa, que puede verse a 12 leguas próximamente. La costa O., que desde Sumban corre próximamente al SSE. hasta la punta Tucapanga, forma pequeños senos y es limpia, excepto en la medianía del frontón llamado Siepblut (punta Talayan), donde el arrecife sale para fuera cerca de una milla.

Islas Saranganí. Estas islas, en número de dos y un islote, se hallan a 6 millas de la punta S. de Mindanao. Demoran entre sí NE. SO., y las separa un profundo freu de 1 3/4 milla de ancho que queda reducido a un canal de unos 8 cables por el arrecife que despide la costa E. de la isla occidental o Balot; la isla oriental se llama Saranganí. Los naturales las distinguen con el nombre de Balot-marilá (isla grande) a la mayor o del O. y con el de Balot-paridó (isla pequeña) a la menor o del E.

El paso que estas islas forman con la costa de Mindanao es profundo, limpio y expedito.

Isla Balot grande. Es la más elevada y más cultivada de las dos, y está habitada por unas 1.500 almas entre *Sanguiles* y *Vilanes*; próximamente en su centro se eleva un volcán que a veces echa humo, cuyo cráter tiene 130 metros de altura sobre el mar; visto del NO., éste aparece entre dos picos. En el extremo SO. de la isla hay otro monte también volcánico más pequeño, y en el SE. una colina de 330 metros de altura. Las costas N. y E. se hallan bordeadas de un arrecife que en algunas sale más de una milla para fuera;

en las del S. y O. se halla tan pegado a tierra, que puede decirse que son limpias.

Las puntas Lajan, Ala y la que sigue, son bajas, de mangle y piedras. Al S. de la última hay un islote bajo llamado Mauru, por dentro de la cual puede pasar un bote de media marea en adelante.

Seno de Duvao. Se halla situado en la extremidad oriental de la costa meridional de Mindanao; en su entrada, formada por la punta Calián al O. y el cabo de San Agustín al E., tiene 30 millas de ancho y profundiza más de 60 millas para el N., reduciéndose a 7 millas de ancho en el fondo, donde desagua el río Hijo.

Comprenden este seno, al O. la cordillera de los montes de Apo, que corren paralelamente a la costa, en cuya parte central se levanta dominando el gran volcán del mismo nombre, tal vez el más elevado de la isla, que solo a grandes intervalos da ligeras señales de actividad, y al E. la extremidad de la gran cordillera que desde las inmediaciones de Sinigao se dirige hacia el S. y termina en el cabo de San Agustín.

Las costas del seno son en general elevadas, limpias y acantiladas, y en la parte N. se hallan las islas Samal y Talicut.

La costa O., desde la punta Calián corre próximamente 36 millas al NNO. hasta el puerto de Malalag, y de aquí 26 millas al NNE. hasta el pueblo y río de Davao o de Vergara. Parece que la ensenada de Casilaran despide a regular distancia arrecifes de piedra y arena, y que el puerto que se forma a su parte S. E. es abrigado y capaz para buques de algún porte.

Todo este trozo de costa es limpio y de mucha profundidad hasta muy cerca de tierra.

Cabo San Agustín. Rebasadas hacia el E. las islas de Saranganí, y ya sobre el meridiano de Caburan, se avistan con tiempos claros al NE. 1/4 E. dos montes bajos y muy semejantes que figuran islotes y son las tierras que determinan el cabo de San Agustín.

Bahía de Pujada. Esta hermosa bahía es de los primeros puertos de la isla de Mindanao. Tiene unas 10 millas en su mayor largo del SE. al NO., y como 5 en el meridiano más ancho, que es el que pasa por la visita de Mati.

Las costas son montañosas en toda su parte S., y hacia el N., donde hay también una cordillera que es la más elevada, se extienden largas planicies y amenos valles, surcados de ricas aguas entre las lomas que forman aquellas tierras. Son inmejorables para toda producción; los bosques, en su mayor parte de árboles de canela, abundan también en las clases de maderas más recomendables para lujo y construcción. Producen la mejor clase de almáciga y cera, quizás de toda la isla, y en sus playas, a más de exquisitos peces, se encuentra la tortuga de carey y alguna concha. Está, en fin, dicha bahía, por sus inmejorables condiciones, llamada a figurar entre los primeros puertos del Archipiélago.

Pueblan sus tierras diferentes razas de infieles, que son tagacaolos, mandayas y algunos moros. Todos, aunque no sometidos, son pacíficos, y cambian los productos que recogen en los montes donde viven por efectos diversos para sus trajes y adornos.

Delante del fondeadero (ensenada de *Caraga*) hay un barranco como de 45 metros, el cual ha de franquearse para ir a la población, que está a cubierto de los rayos solares por extensos plantíos de cocos, los cuales marcan su situación desde la mar. Hay una mala escalinata hecha con troncos de árboles para facilitar la ascensión a dicho pueblo; y del tercio bajo de este barranco dirige sus aguas al mar, bañando los primeros escalones de aquella rara maroma, un manantial con buen agua aunque algo escasa. En él y dentro del río a muy corta distancia de la barra, puede hacerse aguada.

La ensenada de Bislig se halla comprendida entre la punta Tagtaba al S. y la de Maslic al N.; el islote Masaburon, que está en medio de la entrada, protege a la ensenada y divide aquélla en dos canales; el islote despide hacia el E. y O. bajos que se extienden 5 cables. En la medianía del Canal del Sur hay dos bajos de piedra, tan acantilados que muy cerca de ellos se sondan 117 y 84 metros de fondo; pasados éstos sigue la costa S. de la ensenada muy limpia; la costa N., al contrario, es muy sucia y no debe atracarse a menos de 6 cables. En el fondo de la ensenada y a la orilla derecha de un pequeño río, se encuentran el puerto y pueblo y Comandancia militar de Bislig; éste, con sus visitas anejas, componen un total de 4.300 almas.

El fondeadero se encuentra frente al pueblo por 6 a 7 metros, arena y fango, y está completamente abrigado de todos vientos.

La costa, de la ensenada de Bislig hasta la de Liangan, que se halla a unas 11 millas más al N., es muy sucia, bordeada de bajos de arena que descubren, cuya aproximación es peligrosa; en este trozo de costa se encuentran algunos fondeaderos, pero todos ellos arriesgados de tomar y en costa abierta al Océano Pacífico.

La extremidad N. de la costa de Mindanao se halla formada por la terminación de la extensa cordillera que corre la costa oriental de la isla en toda su longitud de N. a S. Esta punta es de mediana altura, de piedra oscura, limpia y acantilada; forma con la extremidad S. de la isla Panaon el estrecho o paso de Surigao.

La costa, en general, se dirige desde las tierras de Madilao hasta la boca del río *Butuan*, que desagua en el fondo y a la parte E. de la ensenada del mismo nombre, formada por las vertientes occidentales de los montes Urdaneta, de 1892 metros de altura, y las del grupo de montañas que demora a 25 millas al NNO. de aquél, a unas 3 millas de la costa, grupo compuesto del monte Agudo, de 1.003 metros, del monte Satélite, de 995 metros, con el monte Tendido por estribación hacia el N. A unas 6 millas al SO. 1/4 O. próximamente, se ve otra montaña terminando en doble pico. Todo este trozo de costa es bastante regular, con alguna inflexión al E., limpia y acantilada, con playas de arena intermediadas de frontones de piedra. A 13 millas al S. de la punta Madilao se encuentra, sobre terreno elevado, la visita de Malimon, y a 7 millas al N. de la boca del río *Butuan* se halla el río y visita de Tibay. Falta reconocer detalladamente esta porción de costa.

Bahía de Butuan. Es una espaciosa ensenada abierta al N. de 21 millas de ancho entre la costa que acabamos de describir y la punta Divata, que la limita al O., profundizando en forma rectangular cerca de 11 millas; en el ángulo del E. desemboca el río Butuan, y en el del O. se encuentran la visita Nasipit y el pequeño río de igual nombre separados por una costa baja de 13 millas de extensión en el fondo de la bahía cubierta de manglares y bajos fondos poco salientes. De Nasipit a la punta Divata, la costa sigue 8 millas al NNO. cercada de arrecife que sale 1/2 milla para fuera con 8 a 10 metros de fondo arena en su cantil.

Punta Divata. Extremidad occidental de la extensa bahía de *Butuan*, es baja de arena y está rodeada por el arrecife que, arrancando en Nasipit, termina 3 millas al S. de esta punta.

Punta Sipaca. Demora 16 millas al O. 1/4 SO. de la punta Divata; se reconoce fácilmente por hallarse formada por un cerro cónico de bastante altura y poco arbolado y por el baluarte o atalaya que tiene encima.

La costa comprendida entre las puntas Divata y Sipaca está formada de playas de arena, alternadas con otras de manglares y de frontones de piedra, con restingos poco salientes. Se encuentran buenas aguadas y pocos fondeaderos.

Fondeadero de Catarman. Lo forma un playaje y un manchón de arena de una milla próximamente de extensión, comprendido entre dos puntas bajas que se hallan en el mismo meridiano; la del N. tiene encima un fuertecillo arruinado y la del S. algunos cocales.

El pueblo de Catarman se halla en la parte N. de la playa.

Barajando la costa desde Catarman para el N. y E. se encuentran varias puntas no muy limpias hasta el pueblo de Mambajao. En el río que desagua cerca del pueblo pueden entrar lanchas a pleamar y abrigarse de los vientos del tercer cuadrante.

Bahía de Macajalar. Es un extenso seno abierto al NO., comprendido entre la punta Gorda y la punta Salauang, que dista 16 1/2 millas al O. 15° S. de la primera; profundiza 12 1/2 millas al SE. y en el fondo desemboca el río Cagayan. La costa oriental de esta bahía es más alta y acantilada que la occidental y se halla formada de playas de arena separadas por un frontón bajo y plano, que es lo más saliente de la costa de la bahía y cerca del cual desaguan dos riachuelos.

Inmediatamente al S. de punta Gorda y al N. del pueblo de Hassaan se abre una ensenada llamada de Cabulig, en la que puede fondearse quedando bien abrigado de las dos monzones, pero es preciso hacerlo muy cerca de tierra para poder coger de 20 a 25 metros de fondo arena fangosa. La visita de Cabulig ofrece algunos recursos; además, sobre la misma se encuentran las aldeas de Tuan y Agasan.

La costa occidental está formada de playas de arena, es limpia y bastante acantilada, pues únicamente la punta Malugán despide una restinga que sale 7 cables para fuera; en ella se encuentran los fondeaderos de Opol y de Alubugit. El centro e interior de la bahía, aunque muy hondables, no están sondados.

Bahía de Illigan. Es otro brazo de mar, de figura rectangular, abierto exactamente al N., que profundiza en la costa más de 20 millas, cuya entrada, limitada al E. por las tierras de punta Panaon, y al O. por las de punta Bombón, tiene más de 32 millas de ancho. En su ángulo SO. se abre el puerto de Misamis, que en forma de canal se interna en esta dirección más de 15 millas. Las tierras que limitan esta bahía, acantilada y limpia, al E. y al O., son estribaciones de la gran cordillera que en dirección de E. a O. atraviesa en gran parte la isla de Mindanao.

Toda esta parte de costa es muy acantilada a corta distancia, limpia y formada de puntas poco salientes, con playas de arena y frontones de piedra.

La costa del fondo de la bahía forma dos ensenadas separadas por la punta Binuni, que se halla próximamente en el punto medio de su longitud.

Bahía de Panguil. Se encuentra en el ángulo SO. de la bahía de Illigan, se interna en esta dirección 10 millas en forma de un ancho canal, y termina en una espaciosa dársena circular de 5 millas de diámetro, casi completamente obstruida por su poco fondo. Su abra, delante de la boca, se halla comprendida entre la punta Tabú al O. y Biani al E. Las tierras de la costa occidental las forman las faldas orientales del monte Malidang, de 2.610 metros de altura sobre el mar, y el menos elevado, que se halla 3 millas al SSE. de él. Sobre su costa oriental, al S. del puerto de Misamis, se elevan tres montes, culminando el de 705 metros de altura, que dominan toda la costa E. de esta bahía.

El fondeadero de Misamis se halla cerca de la entrada sobre la costa O., comprendido entre la punta del Fuerte al N. y la punta Pulut, terminación de la falda E. de la colina Bucayán, que se encuentra una milla al SO. del fuerte. Es un fondeadero muy cerrado y abrigado de todo viento y mar para toda clase de buques, los que pueden estar atracados y con plancha a tierra enfrente de la población vieja en 8 metros de fondo arena.

Seno de Dapitan. Se halla comprendido entre la punta Tagolo al N. y la de Sicayac al S.; tiene 2 1/2 millas de ancho en su entrada y profundiza 2 millas al SE.; se halla abrigado de todos vientos, excepto los del tercer cuadrante, y tiene muy buen braceaje, encontrándose de 30 a 32 metros arena y piedra en la medianía de la entrada, y 8 a 10 metros arena en el fondeadero, que se halla delante del pueblo de Dapitan. Entre este pueblo y la punta Tagolo hay otro puerto llamado Talaguilong.

El seno de Sindangan se halla limitado al E. por la punta Danigan y al O. por la punta Banigan; tiene 17 millas de extensión, es muy acantilado y de mucho braceaje, y profundiza unas 5 millas en la costa.

Puerto de Santa María. Este abrigadísimo puerto, propio para toda clase de buques, se encuentra inmediatamente al S. de la punta Balangonan. Se halla abierto al NO. y profundiza cerca de una milla en la dirección opuesta, formando en el interior dos pequeñas dársenas, con 23 a 20 metros de fondo fangoso y 16 metros casi tocando a la costa, en las que puede resguardarse cualquier buque del mayor vaguio.

Las costas del puerto se hallan rodeadas de un pequeño arrecife acantilado, que en las puntas de la entrada de la dársena pequeña o del O. salen próximamente un cable para el N.; el canal suele estar señalado por las valizas que ponen los naturales en las extremidades de estas restingas.

El ancho de la boca es de 2 cables con más de 66 metros de fondo, sondándose de 26 a 28 metros en medio del puerto, y poco menos atracados a los cantiles de la costa.

Las tierras que rodean el puerto son poco elevadas y cubiertas de bosque virgen; entre las maderas de construcción de que abundan sus montes se halla la teca.

La aguada puede hacerse en un riachuelo que hay a la parte E. del puerto.

El puerto Caldera es pequeño y solo puede contener cuatro o cinco buques que no calen más de 1'9 metros. El canal de la boca solo tiene 67 metros de ancho y 3'6 metros de agua a bajamar, y hay que pasarlo a la espía. El fondeadero está a la parte SO. del puerto, pues todas las demás orillas son muy bajas, y es de temer que vaya cegándose este refugio a causa de los corrales de pesca que constantemente existen dentro y en la boca del puerto.

Las grandes llanuras que se extienden detrás de este puertecillo están regadas por diferentes riachuelos.

Ríos

Debido a la gran extensión y abundancia de aguas de este país, sus ríos son caudalosos, y navegables varios de ellos en una gran parte de su curso. Las grandes llanuras que cruzan algunos de éstos permiten que en sus orillas se formen infinidad de esteros o canales que, internándose en distintas direcciones, sirven de excelentes vías de comunicación, facilitando la exportación de los productos.

El río más importante de la isla, tanto por el caudal de aguas que arrastra como por la longitud de su curso, es el *Butuan*.

Tiene su nacimiento próximo al seno de Davao, marcha de S. a N. atravesando casi toda la isla hasta desembocar en la ensenada de su nombre.

Su curso es de 378 kilómetros.

Este río es navegable en una larga extensión, pero los grandes troncos que arrastra en las épocas de lluvias hace su navegación muy peligrosa.

El Pulangui, o río Grande de Mindanao, sigue al anterior por el caudal de aguas y por la extensión o curso por él recorrido.

La cuenca del río mencionado es inmensamente rica y está admirablemente dispuesta para el desarrollo de la agricultura, tanto por la variedad y abundancia de sus productos como por las facilidades que para la exportación ofrece el que sus aguas sean navegables en todo su curso; esto contribuye principalmente a que se considere a esta parte de Mindanao como de las más ricas y apropiadas para la colonización; por más que hay que tener muy presente que, debido a circunstancias que no mencionamos por ser ajenas a la índole de este trabajo, se ha exagerado de un modo fabuloso la importancia que bajo el punto de vista comercial tienen en la actualidad sus producciones, alejándose mucho de lo que verdaderamente es hoy aquel territorio.

En general, las orillas del río Grande presentan llanos, excepto en muy contados puntos, donde se levantan collados, lomas y pequeñas colinas, tales como las de Nuluig y Cudaranga, donde situaron los moros una formidable *cotta* el año 86; Cabalucan, Boayan y Cabaenygan, cubiertas todas ellas de espeso arbolado y circundadas de manglares y terrenos pantanosos que los moros procuran aumentar para que les sirvan de obstáculos o defensas naturales a los fuertes en ellas situados.

Una gran parte de los terrenos inmediatos a sus orillas se encuentran ocupados por grandes carrizales formados por plantas que aunque afines son de distinta especie (las hay juncáceas, gramíneas y cyperáceas), pero todas ellas muy parecidas, por lo que se les da un solo nombre común.

Los cogonales o carrizales, según la situación del terreno, adquieren más o menos desarrollo y según éste tiene distintas aplicaciones. El cogón bajo y de poco cuerpo es bueno como pasto y el alto o carrizal solo se emplea en las localidades donde escasea la *nipa*, para suplir a ésta en la techumbre de las viviendas; esta clase llega a adquirir una altura tal que cubre a los jinetes, y dificulta de tal modo el paso que puede conceptuarse como un verdadero tormento el tener que atravesar un cogonal en las horas del Sol.

Habiendo visitado personalmente una gran parte de los terrenos bañados por el río Grande, hemos podido observar, como ya se desprende de la relación de un viaje por dicho río que refiere el ingeniero señor Vidal en la *Memoria sobre el ramo de montes*, que sus tierras con ser buenas y aún de la mejor calidad, hoy no pasa su cultivo del arroz, maíz y azúcar, y esto en cantidad que poco ha de exceder a las necesidades de sus 80.000 habitantes, consistiendo la principal riqueza, como artículo de exportación, en el producto de los magníficos cocales, que se extienden formando bosques inmensos en sus orillas y que solo contando con grandes elementos para la roturación y saneamiento de las grandes extensiones ocupadas por carrizales, desecación de pantanosas llanuras y destrucción de la enorme plaga de langosta que pesa sobre ellas, cuyos efectos destructores hemos podido apreciar personalmente en el año 86, se podría dar cima, con probabilidades de éxito, a cualquiera empresa colonizadora que se proyecte; de otro modo, allí no se puede hacer nada, la colonización individual en esas condiciones solo serviría para que tuviéramos en aquellos terrenos y en contacto con los moros una representación raquítica y pobre de nuestro modo de ser y adelantos que solo redundarían en nuestro desprestigio.

La extensión de la cuenca del Pulangui será de unos 12.000 kilómetros cuadrados, y su mayor anchura es de unos 50 kilómetros.

El curso de este río puede dividirse en tres regiones, con arreglo tanto a su situación hidrográfica como a la influencia que ejercemos sobre los habitantes de los territorios por él bañados.

1.ª Aquella en que nuestra dominación es más efectiva, o sea desde Tumbao hasta su desagüe en el mar por los dos brazos en que en dicho punto se bifurca, que comprende un trayecto de 16 a 20 millas.

2.ª Desde Tumbao hasta los últimos puntos militares establecidos en sus orillas, en cuya parte, que comprende unas 20 millas, nuestra dominación solo es nominal, sin que por ahora pueda contarse con aquellos territorios para empresa colonizadora de ninguna especie, por la resistencia que a ello opondrían sus habitantes.

3.ª Desde estos puntos militares hasta las lagunas, territorios tan poco conocidos que puede asegurarse que todo cuanto se haya dicho acerca de ellos, son solo hipótesis fundadas en ligeros conocimientos, insuficientes todos ellos para que puedan servir de base al estudiar proyectos de colonización de alguna importancia.

El calado de este río varía mucho en cada época y por la influencia ejercida según la cantidad de aguas que en él viertan las lagunas, pudiendo citar como ejemplo, el hecho que el señor Vidal cita en su *Memoria sobre el ramo de montes*, de haber visitado dicho río en un trayecto de 163 kilómetros, embarcado en un cañonero de guerra, cuyo calado medio era de 6 pies.

Nuestra dominación en el río Grande no pasaba antes de la campaña del general Terreros, terminada en principios del 87, del destacamento o fuerte de Tumbao, punto donde el río se divide en dos brazos, que son los que forman la isla de Cottabato.

Posteriormente a la fecha citada, los moros han prestado vasallaje de modo efectivo; y para asegurar el completo dominio sobre ellos, se han construido nuevos fuertes, emplazados algunos de ellos, como el de Bacat, en los mismos terrenos de Utto, en el punto donde un gran estero vierte sus aguas en el río.

Después de los dos ríos mencionados hay otra infinidad de ellos, navegables en gran parte, pero por lo general de muy corto curso y poco conocidos hasta el día.

En el distrito de Zamboanga se encuentra el «Nahuan», que baja de los montes de Polombato, y surte de agua a la capital y algunos de sus pueblos inmediatos. El Sinonog desciende de las montañas de Cabigan; en este mismo punto nace el Dumalón.

El Dumanquilas, en el puerto del mismo nombre. El de San Ramón, que pasa por la colonia de su nombre, y otra infinidad de ellos que por su poco curso y rápida pendiente se hacen muy temibles en sus avenidas, las que causan bastantes daños. Otros, como el Cauit, Tumbaboso, Mahasen, Caragasan, que encauzados en los esteros son muy útiles para la agricultura.

En la provincia o distrito de Misamis se cuentan más de dieciocho ríos; mencionaremos solo el Agusan, que sirve de desagüe a la laguna de Malanao con un curso de 40 kilómetros; el Cagayan, éste se divide en dos brazos que toman direcciones opuestas, al E. el uno y al O. el otro; y el Iligan, el Lubungan, Tingle, Polo y Palaven al SO. de Dapitan.

En el distrito do Surigao desagua el *Butuan* ya mencionado, que nace en el terreno de Davao en la proximidad a la costa S. de la isla; los demás del distrito no tienen importancia, pues la configuración topográfica del terreno hace que todos mueran, con muy poco curso, en el *Butuan* o en las playas del Pacífico.

En la costa E. hay algunos que llevan sus aguas al Pacífico. El Tandag, Tuanga, Mandog, Bislig, Tago y Botel son los más caudalosos, pero solo navegables para embarcaciones menores (estos últimos están comprendidos en la comandancia militar de Bislig).

Los ríos de Cottabato son muchos e importantes; se encuentran muy poco explorados. Del Pulangui o río Grande ya hemos hablado en otro lugar.

En la bahía Illana desaguan el Baras, Maisin, Cucamalat, Simuad, Sugut, Matabul, Amplajan y Tubunse.

De los seis ríos del distrito de Davao, tres son importantes: el Davao, de ancho cauce y caudaloso, es navegable para embarcaciones de poco calado. El Tagún y el Hijo tienen bastante caudal de agua, y el último aseguran se comunica con el *Butuan*, lo que de ser cierto facilitaría las comunicaciones entre las costas S. y N. Menos importantes son el Quinacot, Santug y Sumulog, que desaguan en el seno de Davao.

Lagunas

Las de Mindanao son muy numerosas y algunas de relativa importancia por lo muy poblados que están los terrenos inmediatos, y lo valioso de los productos que en los mismos se cosechan.

Malanao, entre Misamis y la bahía Illana, es muy extensa y poblada, cosechando en sus inmediaciones gran cantidad de palais y de excelente café. Su extensión es de 14 millas de E. a O. y 6 de N. a S. Es muy profunda y contiene varias islas. Sus habitantes son mahometanos.

Al objeto de poder ilustrar la opinión con noticias ciertas de esta laguna, copiamos las siguientes notas de un viaje a Lanao realizado por don Antonio Martel y Gayangos, que acompañaba al Gobernador de Cottabato don José Urbano (publicado en el *Boletín de la Sociedad Geográfica de Madrid*).

«Después de una gran bichara se le dijo al Sultán que saldría un cañonero para la bahía Illana y se traería al Datto Amirol nuevamente nombrado; el Sultán no solo escribió varias cartas para los Sultanes y Dattos de aquella parte, sino que dispuso fuera una embarcación de su propiedad engalanada para recibir al Datto Amirol, y en ella varios Dattos principales de su ranchería; a las cinco y media de la mañana salimos en el cañonero dirigiéndonos a Malaban, cerca de Baras, llevando a remolque la vinta del Sultán con los Dattos, que tocaban el agua; llegamos a Malabang, y una de las primeras cosas que divisamos la bandera española izada en el antiguo fuerte español, gloria de nuestros antepasados; la alegría rebosaba en nuestros semblantes como españoles, al considerar que hace muchos años dominábamos la mayor parte de esta isla; pero al recordar esto sentíamos el que hoy no estuviésemos enteramente posesionados de ella; sin embargo, nuestra bandera ondeaba en la cumbre más alta. Al NE. de Balulao está el fuerte a que nos referimos, del tiempo de Corcuera; esta fortaleza está muy bien conservada, la parte que mira al río debió ser rectangular; figura que tiene lo que queda en pié; la cortina está entera con sus ángulos en buen estado; tiene cuatro cañoneras; la del S. solo tiene dos y una la del N.; la cortina entera tendrá 30 brazas de largo y las otras deberán tener unas 40; está edificada en un terreno pendiente, y a su pié salen muchos y buenos manantiales de un agua muy buena, que con otros forman el río Tabuc; por el NO. tiene nueve brazas de altura la muralla y siete la cortina.

»El Datto Ilian vive temporadas en este fuerte, en donde hay varias casas, pero su residencia es Ganasi, principal pueblo de la laguna de Lanao.

»Saliendo de Malabang, camino de la laguna, se encuentran las siguientes poblaciones y ríos: el Matúo, que lleva como medio metro de agua; pueblo de Kalatamen, en el que no hay casas, sino camarines para descansar los que vienen con café y arroz de la laguna; pueblo de Mananayo, que tiene un río como el Matúo; pueblo Duicaraba, tiene río; pueblo Calananúan, pueblo Purec, río Minundas, con agua hasta la cintura; pueblo Danugay, tiene río, y pueblo de Ganasi, residencia del Datto Ilian, hoy Datto Amirol de Mindanao, tiene su cotta situada a la orilla de la laguna de Lanao; Ganasi, por consiguiente, está al S. de la laguna; Taraca está al E.; es su sultanía grande, cuyo Sultán se llama Masisíu; la laguna es sumamente profunda y tiene puertos con 3 o 5 brazas de agua, tiene esta laguna unas ocho leguas con seis islas, la mayor llamada Nuza con más de 500 casas, está en medio de la laguna y es alta y plana por arriba. Toda la laguna se halla rodeada de pueblos; siguiendo por la derecha de Ganasi, se encuentra Bato con 4.000 almas, y así sucesivamente hasta más de 70 pueblos; desemboca la laguna por una cañada del río Iligan; estas noticias, adquiridas a fuerza de años y de paciencia, han sido ahora confirmadas, por consiguiente; es de lo más poblado que se conoce. Llamamos particularmente la atención de nuestras dignas y celosas autoridades para que con ocasión del nombramiento del nuevo Datto Amirol, paso grandísimo que hemos dado para nuestro porvenir, se estudie la manera de nombrar una comisión que pacíficamente explore esos caminos y esa laguna, la más rica de cuantas hay en el Archipiélago filipino, pues aunque no ha entrado la civilización en ella, produce para exportar más de 15.000 picos de arroz y más de 14.000 de café, y contiene en su contorno más de 100.000 almas. Deseamos que no se pierda esta ocasión, y que cual la mira principal de Mindanao, procuremos ver sus frutos, y con una política conciliadora, ver los medios de posesionarse algún día de la isla de Nuza.

»Siguiendo nuestra excursión, diremos que salimos de Malaban con el Datto Amirol, una de sus mujeres, algunas doncellas y unos treinta principales moros de su ranchería; fondeamos en Lalabuan, saltando a tierra y recibiéndonos el Sultán Adil con muestras de aprecio, habiendo izado la bandera española en lo alto de su casa, y nos ha jurado que desea intimar con los españoles, y así se lo hemos también prometido, haciéndole presente que los españoles desean la buena amistad con todos y el adelanto de estos pueblos.

»Salimos de Lalabuan llegando a Polloc, donde Amirol ha desembarcado y seguirá después para Cottabato».

Según el general Parrado, esta laguna tiene 460 kilómetros de superficie.

Liguasin; al SO. de la anterior desemboca en el río Grande y se comunica por varios ríos y esteros con la de Buloan. Se le suponen 11 millas de N. a S. y 8 de E. a O., es poco profunda y navegable.

Buloan; al SO. de la anterior y al S. de la de Maguindanao, sus aguas van al río Grande, pasando antes por la de Liguasin, es muy abundante en pesca, profunda y navegable. Su extensión es de 11 millas de N. a S. y 7 de E. a O.

Sapongan, en el extremo NE. de la isla, provincia de Surigao, está a bastante altura sobre el nivel del mar, profunda y abundante en pesca, desemboca por el río Tubay al E. de la ensenada de *Butuan*, tiene 8 millas de N. a S. y 4 de E. a O.

El lago Linao en el interior, próximo al seno de Davao, en el curso del río *Butuan*, siendo muy poco conocido. La laguna de Buguey al SO. de Zamboanga entre una escabrosa sierra, desemboca por un río muy caudaloso en el puerto de Dumanquilas.

Aparte de las lagunas mencionadas hay otras muchas menos importantes, que, por no tener noticias concretas de su posición, nos abstenemos de citarlas.

Orografía

Cuatro son las principales cordilleras de Mindanao, según los autores que se han ocupado de estudiar el Archipiélago filipino.

La primera, y quizá la más importante, corre de E. a O., desde la punta Cauit a los elevados montes «Rangaya», próximos a la bahía «Illana» (se encuentra cortada en su curso por la gran cuenca del río *Butuan*).

La segunda corre de N. a S., desde la sierra de Surigao hasta el monte «Catalan», terminando en el cabo San Agustín.

Se encuentra interrumpida como la anterior por la cuenca de *Butuan*.

La tercera arranca de punta Divata dirigiéndose al SE., inclinándose después al O. hasta terminar en la bahía de Sarangani.

La cuarta y última es muy volcánica, empieza en el «Apo» y en dirección NO. sigue a morir en el istmo de Misamis.

Montes

Misamis. Los montes de esta provincia arrancan de punta Maralag, al NO., cerca de la costa, marchan hacia el E. hasta internarse en el distrito de Davao, cambian después de dirección al N., terminando cerca de punta Dipata, en Surigao. A esta cordillera pertenecen los montes Rancaya, los más elevados de la isla, que sirven de divisoria entre Misamis y Cottabato. De éstos arranca un ramal en dirección al O. formando la escabrosa sierra de la Comandancia de Dapitan.

Zamboanga. El extenso territorio de esta provincia es muy poco conocido fuera de las inmediaciones de la capital, lo que imposibilita el estudio de sus extensos montes.

La más explorada es la cordillera Polombato, que se extiende en dirección EO., sigue por el territorio de Sibuguey volviendo al O. y se interna en Misamis y Cottabato. En su curso forma las sierras de Santa María, Punubigan, Silengan y sierra de Sibuguey, entre el seno de este nombre y el puerto de Dumanquilas en la costa SE. del distrito.

Cottabato. Este distrito, sumamente llano, tiene pocas montañas a pesar de su mucha extensión.

La principal cordillera tiene su origen en los montes de Craan, próximos a punta Bacud, se extiende formando un semicírculo hasta terminar en la ensenada de Linao.

En la parte N. se encuentran las estribaciones de los elevados Rancaya, donde se encuentra el monte y volcán Macaturin, a unos 40 kilómetros del puerto de Pollok. En el centro del distrito está la tierra de Blik, recortada e independiente de las demás.

Davao. Sumamente montuoso y cubierto de espesa vegetación que imposibilita las comunicaciones, hace que se encuentre poco explorado.

Los montes más principales y conocidos son el «Apo», cuya elevada cima se presenta siempre coronada de blanco penacho; limita el distrito con el de Cottabato.

El Pulpunga al O. y el volcánico Butulan que terminan en punta Panguitan, que forma el extremo S. de la isla; la sierra y monte Catalan al NO. del seno que da nombre al distrito; esta sierra sirve de divisoria con la Comandancia de Bislig.

Bislig. Fuera de los terrenos próximos a la costa, que son algo llanos, esta Comandancia está formada de una serie de montes que se desvían de la cordillera que corre de N. a S. desde Surigao al monte Catalan.

Desde el monte Catalan parte una sierra, que dirigiéndose al O. separa esta Comandancia y sirve de límite a los distritos de Davao y Surigao. Otra de menos altura se dirige al S. para puerto Balete y termina en el cabo San Agustín.

Surigao. Los montes de este distrito se extienden desde punta Dipata en dirección SE. hasta Talacogon, próximo al *Butuan*, variando al NE. hasta la visita de Tuiabigan en la costa Oriental, marchando hacia los montes Subonga en la costa occidental y concluyendo en punta Banajan al NO. del distrito. Sus montes principales son Canuan, Binuanton y Conmat.

Meteorología

Clima

La proximidad de la isla de Mindanao a la zona tórrida origina el que en algunas estaciones se dejen sentir fuertes calores, mitigados por las brisas del mar y la humedad natural del país, que hacen se disfrute de una perpetua primavera.

El termómetro oscila de ordinario entre los 18 y 26 grados Reamur.

Las estaciones son tres. Fría y algo húmeda la primera, se inicia en noviembre con la monzón NE.

La segunda, calurosa y seca, empieza en marzo. La mayor intensidad del calor se deja sentir en abril y mayo; desde esta fecha se inicia la tercera con una gran humedad, debido a las lluvias que se suceden con cortas interrupciones; éstas son muy copiosas y a veces motivan grandes inundaciones.

En general, el clima de Mindanao como el de todo Filipinas, al contrario de lo que en España se cree, es muy sano y agradable, lo que se demuestra fácilmente observando lo escaso de la mortandad que allí sufren los europeos.

Sobre este particular, dice el señor Scheidnagel, que tanto y tan acertado tiene escrito acerca del Archipiélago filipino:

«Las monzones determinan y fijan con exactitud las alteraciones de la atmósfera, asegurando el tiempo propio de viajar o navegar sin peligro por aquellos mares, así como el de los *vaguios* o temporales, que tienen lugar siempre en los meses de septiembre, octubre y noviembre; y las fuertes tormentas y tronadas en abril, mayo y junio.

»La brisa del mar y la poderosa vegetación de los dilatados bosques, así como la manera de construir las viviendas, contribuye notablemente a disminuir los efectos del calor intenso de los rayos solares.

»Se supone la existencia como enfermedad endémica y común al país de la disentería, y esto no es así; pues lo que realmente sucede es que la juventud acepta allí en general costumbres que en España serían doblemente perjudiciales y de resultados mucho más rápidos. Lo diremos con franqueza: las copitas de coñac, el abuso continuado de alcoholes, el desarreglo de las comidas y la afición a los *amancebamientos de cierto género*, son siempre la causa principal de la pérdida del estómago y su enfriamiento.

»En aquel clima, casi igual, se desconoce la terrible enfermedad de la *tisis*, enemiga funesta de la juventud; apenas se tiene idea de las *pulmonías* ni *catarros*, y no se habla nunca de los nervios.

»No quiere decir esto que la salud esté allí asegurada; y es indudable la necesidad de observar buen régimen higiénico, sobre todo para combatir las humedades y para no aspirar las frecuentes evaporaciones de la tierra que se verifican inmediatamente después de llover».

Vientos

Las noticias de los vientos dominantes se refieren al Archipiélago en general, por no haberse hecho observaciones especiales en Mindanao.

Las corrientes que se observan son dos. Una con dirección NE., y la otra al SE. con una velocidad media anual de 3,1.

La monzón del SO. se empieza a sentir en junio, quedando fija para julio, siendo floja aunque muy constante; en octubre empieza a decaer, estableciéndose la NE., cuya época de mayor fuerza es diciembre y enero. Sigue una época de vientos variables del NO. NE., y algunas veces cambia al E., disminuyendo en marzo con fuertes terrales.

La resistencia que las monzones del SO. oponen a los del NE. causan grandes trastornos atmosféricos, de los cuales resultan furiosos huracanes (Vaguios o Tifones), que con increíble fuerza arrastran todo cuanto encuentran a su paso.

El viento que determina estos vaguios se revuelve en un espacio circular, recorriendo repetidas veces todos los rumbos; sus movimientos son tres: rotación, traslación y oscilación.

La velocidad del movimiento de rotación suele ser de más de 100 millas, aumentándose con la proximidad al eje.

La aventajada situación en que se encuentra la isla de Mindanao la coloca fuera de la acción destructora de los vaguios, que solo ejercen su influencia en una pequeña parte de la costa Norte.

Electricidad

Los fenómenos emanados del fluido eléctrico son entre los de la naturaleza los que con mayor intensidad se desarrollan en el Archipiélago filipino.

Probado como está, que en las regiones equinocciales las tempestades eléctricas son muy frecuentes, y dada la vegetación exuberante de aquel país cubierto de dilatados bosques, se comprenderá la violencia con que se desencadena en él el terrible fenómeno.

Sus gigantescos árboles, que se elevan majestuosos a prodigiosas alturas, sirven de poderoso agente de atracción en las infinitas convulsiones del fluido eléctrico, haciendo de reóforos conductores o pararrayos naturales que devuelven la corriente eléctrica a su depósito común.

Todos los años empiezan hacia el mes de mayo a sentirse los efectos de las conmociones eléctricas.

En esta época el cielo se cubre de parduzcas nubes, que luchando entre sí, efecto de sus encontrados fluidos, se desgarran con ensordecedor estruendo y continuado relampaguear, sembrando el terror en los habitantes, que a veces perecen a los efectos mortíferos del rayo.

Siempre que se trate de la explotación de terrenos vírgenes, es absolutamente indispensable preservar las edificaciones de los accidentes eléctricos; solo de este modo se podrá evitar su destructor efecto, que en Filipinas ocasiona todos los años un crecido número de víctimas.

Terremotos

La heterogénea estructura de la isla de Mindanao demuestra los grandes sacudimientos que de modo imperecedero han quedado impresos en su suelo, recordando aún sus habitantes con terror el efecto de las terribles erupciones volcánicas.

En estos últimos tiempos parece que los elementos que determinan estas sacudidas de la corteza terrestre han entrado en un período de relativa inacción.

Desde 1870 en Surigao y 1871 en Cottabato, la isla de Mindanao no se ha vuelto a conmover a los impulsos de este terrible fenómeno geológico, que transforma el aspecto topográfico de los países a los imponentes esfuerzos de la naturaleza.

¿Volverán en lo sucesivo a ocurrir tales hechos seismitos?

Quien sabe: los terremotos son producidos por los vapores y gases desarrollados bajo las capas subterráneas, que al encontrar obstáculos a su salida ponen en juego su fuerza expansiva y destruyen cuanto a su paso encuentran.

Pero este desahogo de la naturaleza, de efectos desastrosísimos al exterior, puede precaverse por virtud a los seismógrafos y seismómetros, que al anunciar la tensión de los vapores interiores, los pequeños movimientos que éstos producen, precursores de otros más importantes, indican la mayor intensidad de tales fenómenos seismitos en un plazo breve, y por lo tanto la posibilidad de nuevos y más intensos terremotos y los medios de precaverse de ellos.

¿Se han adoptado por el Ministerio de Ultramar en Mindanao tales precauciones?

Volcanes

Al ocuparse el señor Ingeniero Inspector de minas en el Archipiélago, señor Centeno, de los volcanes de la isla de Mindanao, da un luminoso informe que por su valor científico copiamos:

«En la isla de Mindanao aparecen también como en la de Luzón, los dos sistemas perfectamente definidos, corriendo el que nos ocupa ahora por la parte occidental de la isla, a lo largo de la cordillera Illana, cuyas faldas occidentales forman la costa de la bahía del mismo nombre, en donde hemos recogido gran cantidad de rocas volcánicas (traguitas, folonitas, etc.), procedentes, sin duda, del gran volcán Macaturin en la misma cordillera, que ha tenido épocas da prodigiosa actividad en el siglo pasado, lanzando enormes bloques de conglomerados de diversas rocas ígneas, como las que hoy se ven en el puerto de Pollok, distante 7 leguas del volcán. Es presumible que siguiendo la línea determinada por los volcanes «Canlaón» en la isla de Negros y Macaturin en Mindanao, se encuentren en el interior de ésta abundantes indicios volcánicos que corroboren la continuación de la gran línea que venimos señalando; pero nada puede afirmarse todavía con seguridad, porque las noticias que del interior de Mindanao se tienen son tan vagas e inciertas, que ni aun pueden servir para aventurar una opinión. Por nuestra parte hemos recorrido el río Grande hasta Matincauana, distante 166,50 kilómetros de su desembocadura, y hemos podido observar muchas colinas cónicas, como las de Cottabato, que nos ha animado a sostener nuestra opinión.

»Las cordilleras de Sagut y Apo son las que determinan la región volcánica de la isla. En sus estribaciones se encuentran numerosas rocas que por su constitución demuestran la procedencia volcánica; el carácter de los habitantes por una parte y la aspereza del terreno por otra, han impedido reconocer los focos en actividad que existen en la cordillera de Sagut para poder apreciar la afinidad que existe entre las rocas encontradas y las que proceden de dichos focos.

»Por la parte de Cottabato el terreno demuestra con claros indicios el levantamiento gradual que en él se está operando, y es probable haya dado lugar a la formación de una gran parte del Delta del río Grande de Mindanao. Entre esta región y Davao hay también claros indicios de haber existido volcanes activos, aparte del majestuoso Apo, que se encuentra próximo a Davao, y a unos 113 kilómetros de Cottabato.

»Reconocido este volcán en 1880 por el Gobernador de Davao señor Rajal, calcula su altura en 3.130 metros».

En el distrito de Buhayen, al NO. de Zamboanga existe otro volcán que no ha tenido erupción alguna desde 1640.

En la isla de Camiguim, situada en la costa N., que pertenece al distrito de Misamis, existe otro, cuya primera erupción fue en 1871.

Existen varios más insignificantes, pero de los cuales no se tienen más noticias que las comunicadas por los naturales, que aparte del poco crédito que se les pueda dar, resultan muy inciertas y contradictorias.

Mineralogía

No obstante lo poco explorado que se encuentra el subsuelo de Mindanao, merece el mayor interés la inmensa riqueza mineralógica que, según todos los indicios, encierra en su seno.

A pesar de existir grandes yacimientos hulleros en Surigao y Sebuguey, y una extraordinaria abundancia de azufre en las inmediaciones de los numerosos volcanes de Mindanao, la mayor riqueza mineralógica de esta isla reside en la vastísima extensión de sus terrenos auríferos.

Colocada la isla de Mindanao en la gran faja o zona determinada por California y Australia, se halla dotada por la naturaleza de la misma riqueza aurífera que distingue a los mencionados países.

Los abundantes criaderos del codiciado metal se encuentran en la parte N., en los terrenos comprendidos por las provincias de Misamis y Surigao.

En la primera de las provincias citadas, el oro se presenta ordinariamente en terreno de aluvión y en cuarzo aurífero muy rico y abundante.

Los puntos de mayor producción en esta provincia son Pighoulugan, cerca del río Cagayan, Iponan y Pigtao, habiéndose encontrado en los lavaderos que tienen los naturales en estos últimos pueblos, pepitas que pesaban de 75 a 115 gramos.

En la provincia de Surigao los terrenos auríferos comprenden la mayor parte de su superficie.

Para poder dar una completa idea de la inmensa cantidad de oro que atesoran los terrenos de esta provincia, citaremos el informe emitido, al tratar de este particular, por el ingeniero inspector del ramo de minas don José Centeno.

Dice dicho señor: «Las explotaciones más notables que se han llevado a cabo en Surigao, son las de los montes Caninon, Binutong y Cansostral, a una jornada del pueblo. El terreno de estos montes lo constituyen las pizarras talcosas, muy alteradas y la serpentina. En las primeras se encuentran filones calizos y cuarzosos desde media a tres pulgadas, en las cuales, especialmente en los calizos, se ve el oro mezclado con piritas de hierro y cobre, galena y blenda, observándose en ellas la notable circunstancia de que los más metalizados siguen siempre la dirección EO., al paso que las más pobres y las completamente estériles siguen otras diferentes. Las labores que hasta ahora se han ejecutado en ellas son todas muy superficiales por la abundancia de aguas que a ellas afluyen, y se ignora, por lo tanto, la ley que en profundidad siguen. Solo ha podido observarse que en algunos puntos suelen presentarse partes sin vestigio alguno de mineral, seguidas de otras de gran riqueza, como si en su formación se hubiesen establecido varios centros de cristalización. En uno de los filones de Caninoro se han encontrado algunas de estas concentraciones, que han producido en una longitud de dos palmos hasta 80 taeles de oro.[3]

»No podemos calcular la producción anual de oro en este distrito por falta de datos. Una parte se emplea en joyería en la localidad y provincias inmediatas, y del resto hacen un pequeño comercio multitud de chinos y mestizos, sin dejar rastro alguno que pueda dar idea ni aun aproximada de su importancia.

---

3   El tael pesa próximamente 1 1/4 onzas. (N. del A.)

»Además de la gran exportación que se hace de este metal, los naturales se valen de él para suplir la moneda en sus juegos y transacciones, teniendo tal afición a esta lucrativa industria que es muy corriente verlos trasladar sus pueblos a donde encuentran lavaderos que den abundante rendimiento».

En el distrito de Surigao, al NE. de la gran isla que nos ocupa, se han descubierto recientemente afloramientos de carbón a poca distancia de la costa.

En el Museo Biblioteca de Ultramar, que tantas cosas útiles, tantos objetos valiosos para el estudio y conocimiento de nuestras colonias encierra, principalmente en lo que respecta al Archipiélago filipino, existe un manuscrito que por lo importante copiaremos a la letra. Dice así:

«Memoria del criadero de hulla en el segundo distrito de Mindanao, al SE. del pueblo de Naanan y unas 7 leguas del barrio de Manticao, jurisdicción de dicho pueblo, lugar del criadero. Se encuentra éste en un cerro situado al S. del río llamado Diquiran, a una altura de 20 metros, donde aparece una beta de carbón, cuya dirección es de E. a O. con una inclinación de N. a S. de 25°, encontrándose otra ascendiendo en la misma dirección, cuya clase es superior a la primera, en una inclinación de 50°, siendo su altura sobre el nivel del río Diquiran de unos 40 metros. Camino: en tiempo de secos se puede recorrer el trayecto que media entre el barrio de Manticao y la montaña llamada Balagonon, a caballo, cuyo trayecto medirá unas 2 leguas por el lecho del río llamado Naauan; en la estación de aguas se puede hacer este camino en carabao. La montaña Balagonon tendrá una legua de camino muy pendiente, encontrándose como a la mitad de su ascensión un caballete, centro de precipicios muy imponentes por su profundidad, siendo su descenso por el O. algo más suave, pero no obstante es muy peligroso para caballo».

«Después de descender la montaña indicada se encuentra el río Diquiran y hay que marchar por el mismo, contra su corriente y con rumbo al E. una milla, y después hay que dejar éste y tomar un arroyo con rumbo al S., y a 2 millas se encuentra el cerro y criadero antes dicho».

«El tiempo empleado en recorrer el trayecto indicado, al paso acelerado del indio, es de cuatro horas».

«El expositor del carbón, don Leopoldo Ferrer. Se desea tener acciones para la explotación».

A este documento, que se encuentra en el estante 2, tabla 5.ª, n.º 1.844, acompaña un plano del criadero que se cita.

Fauna

Pocos son los estudios hechos hasta ahora en Mindanao de tan importante ramo de la ciencia; casi todo lo escrito sobre este particular se refiere a noticias inciertas, sin que pueda hacerse un estudio completo ínterin no se exploren los extensos valles que bañan los ríos *Butuan* y Grande de Mindanao y la abrupta cordillera de Rangaya, en cuyos territorios indudablemente habitan animales cuya existencia es hasta el día desconocida, o al menos solo se tiene como hipotética.

La fauna de estas islas, como en el resto del Archipiélago filipino, resulta pobre en parangón con las de otros países vecinos que, sin ser de mayor extensión ni de mejores condiciones climatológicas, cuentan con un infinito número de variedades desconocidas en este Archipiélago.

Mamíferos

Monos (changos o machines en Filipinas) muy numerosos y variados; los machines son muy corpulentos y fieros; en 1882 hemos visto en la isla de Bongao a varios marineros indios que salían por el bosque sin armamento, volver al destacamento huyendo de la acometida de una bandada de machines; se supone pertenecen a la familia del orangután.

Los hay más pequeños, de piel blanca y brillante, negros, de pelo muy lanudo y cara inteligente y otras variedades que se diferencian en muy poco de las ya mencionadas.

Estos animales se reúnen en grandes bandadas, armando tales griterías que se hace insoportable su vecindad.

El indio los persigue con encarnizamiento por los grandes destrozos que hacen en los sembrados; cuando la hembra está criando, lleva siempre al hijuelo agarrado en forma de faja en la región abdominal; si se coge la madre, se aprieta el pequeñín de tal modo a ella que cuesta trabajo separarle.

El caguag. Especie de mono alado, que puede considerarse como murciélago de gran tamaño; su vuelo es corto; es bastante apreciado por su piel, cubierta de pelo sedoso de muy variados colores.

Paniques. Murciélagos de gran tamaño, muy abundante en las islas; hay una variedad que hace sus correrías durante el día; son de carne fina, apreciadísima por el indio.

Los carniceros carnívoros están poco representados en Mindanao, lo mismo que en el resto del Archipiélago. Solo se encuentra el Miro (Paradoxius) y el Galoug, que causan mucho daño en las plantaciones de café; este último está dotado de una pequeña bolsa, de donde segrega una materia semejante al almizcle.

Los roedores son muy escasos, no tanto en variedades como en número, lo cual no ocurre en todo el Archipiélago, pues en las Calamianes hay años que destruyen las cosechas, pasando de unas a otras islas en grandes bandadas.

También existe una variedad de muy poco tamaño, y que al perseguirlo arroja un agudo chirrido: es común en todo el Archipiélago.

Tagua o ardilla. Existen varias especies: la más notable es la ardilla voladora, de cola parda y gris, con motas blancas; se sirve de la piel que le sobresale en los costados para dar su vuelo o salto.

Tampoco son muchas las variedades de paquidermos. El caballo importado de España existe en gran número, pero de poca alzada; a pesar de esto, es de excelentes cualidades por su fuerza y resistencia, y tan duro de casco que no necesita herradura.

El *jabalí* muy abundante.

El *puerco-ciervo*, que solo existe en Mindanao, muy fácil de cazar por su poca resistencia en la carrera.

El *cerdo común* abundantísimo en todo Filipinas, donde presta un oficio a que debieran poner coto las autoridades.

En Zamboanga repugna verlos recorrer las calles cubiertos de inmundicias, haciendo las veces de vertederos cloacales.

Los rumiantes tienen mejor representación que los paquidermos, siendo mayores sus variedades y de más útil aplicación.

La raza vacuna se divide en dos ramas de muy distinta procedencia: la una, originaria de la Península, conserva sus caracteres distintivos, hasta la bravura, aunque en menos escala, como se ha probado en las numerosas corridas celebradas en Manila. La otra variedad es la indiana, con joroba y cuernos retorcidos. Todas son de mucha utilidad y de carnes muy sabrosas.

Los *carneros* y cabras existen, aunque en muy reducido número; donde hay mayor cantidad de estas últimas es en las rancherías de los moros, que crían la cabra como objeto de veneración.

El *carabao* (búfalo), animal muy corpulento y el que mayores servicios presta en el país, es de color negro parduzco con el pelo muy escaso, está armado de grandes astas en forma de media Luna que siguen la dirección del frontal del animal. Su gran fuerza y resistencia le hace muy apreciable para las faenas agrícolas. Como anfibio que es, gusta en extremo revolcarse en el fango o estar metido en el agua. Su único alimento es el pasto. Cuando son pequeños les taladran la ternilla de las fosas nasales, pasándoles un cordel que hace luego el oficio de riendas para guiar el animal.

Cuando se encuentra en estado salvaje en el monte es fiero y temible por su extremada ferocidad.

El carabao se emplea para vadear los ríos, y de este modo librarse de las asechanzas de los terribles saurios. Para efectuarlo, el indio monta sobre el lomo, y con una mano recoge la cola levantándola; con esto evita que el animal se zambulla en el agua y consigue poderlo guiar mejor.

El *ciervo* abunda mucho en las islas; sirve de exquisito alimento a los naturales, que hacen de su carne una especie de conserva salada o al humo, a la que dan el nombre de *tapa*.

En las aguas de Mindanao abunda el dugong, mamífero del orden de los cetáceos, cuya carne es muy apreciada por los indígenas.

Aves

Como en los mamíferos, Filipinas presenta más escasas variedades ornitológicas que los países inmediatos; a pesar de esto hay familias espléndidamente representadas, tanto por su variedad como por la hermosura de su brillante plumaje.

Las aves domésticas se encuentran en condiciones muy semejantes a las de Europa. Abundan las *gallinas*, *patos* y *palomas*, que, aunque de menor tamaño, son de carne muy exquisita.

El *pavo* se halla doméstico en Zamboanga, y se asegura que en Mindanao los hay en gran número en estado silvestre.

El *pato* se utiliza, no solo por su carne, sino por los huevos que, cocidos, son uno de los manjares que mas agradan al indio; los vende en las galleras, pintados de colores, donde hacen gran consumo de ellos.

Las aves de rapiña son muy numerosas.

Águilas. Las hay de muy extraordinaria magnitud, de color gris, y las alas y cola muy oscuras.

El *lauing*, parecido al águila, de gran tamaño y fuerza.

El *búho*, de mucho tamaño y hermoso plumaje.

Las trepadoras están representadas por una numerosa variedad de papagayos, cotorras, carpinteros y otras; la más notable es el loro llamado de siete colores, en el que sobresale el encarnado; es pequeño, pero de hermoso aspecto por la firmeza y brillantez de su plumaje.

La *catala*, especie de guacamayo, de plumaje blanco y muy rara vez con pintas amarillas: las hay de dos clases, pequeñas como una paloma y de tamaño igual a una gallina; éstas suelen tener el penacho amarillo y encarnado; son muy fáciles de domesticar.

Tucán o *carpintero*: tiene el pico muy agudo y resistente y de él se vale para abrir el nido en el tronco de los árboles, y por el ruido que produce semejante al martillo ha recibido el nombre de carpintero.

El *barbudo*, *sabucot* y otros, parecidos a los cuclillos, que nunca abandonan los bosques.

Las *gallináceas* son abundantísimas y están representadas por inmenso número de variedades.

La más notable es el tabon, que vive siempre próximo a las playas donde deposita sus huevos para la procreación; esto lo ejecuta de un modo muy original. Empieza por escarbar en la arena un hoyo bastante profundo, donde va depositando los huevos; cuando tiene hecha la postura, valiéndose de las alas y andando para atrás, vuelve la arena a su posición primitiva, hasta formar un montón muy parecido a los que se encuentran en las carreteras para conservar la grava. Cuando el pollo sale del huevo, atraído por el canto de la madre, se vuelve con las patas hacia arriba y empieza a escarbar hasta salir de su encierro.

En estos animales todo es particular y raro; con ser su tamaño mucho menor que una gallina, los huevos, que son exquisitos, tienen más volumen que los de una pava.

Los *labuyos* o *gallos silvestres*, de menor tamaño que los domésticos, son muy numerosos y abundan en los bosques.

Palomas. La llamada curucuru, con la cabeza color púrpura.

El *gura* o *pichón coronado* y el *batobato dongon*, de mucho tamaño y variado plumaje.

La de puñalada, que recibe este nombre por la mancha roja que ostenta en el pecho, y las de orejón y de anteojos.

El *balor*, muy semejante a la torcaz de España.

La *tórtola*, *bato-bato munti* y otras, todas de muy variados colores, desde el blanco ceniciento al negro; son de carne blanca, muy agradable al paladar.

El *calao*, del orden de los *páseres*, es uno de los animales más raros que se encuentran en Mindanao. De gran tamaño e inofensivo; tiene un canto muy monótono, y cuando se reúnen varios arman un ruido infernal.

Están provistos de un enorme pico que les sube hasta el cráneo, afectando la forma de capacete, resultando desproporcionado con el cuerpo, que no será mucho mayor que una gallina. Su vuelo resulta corto y pesado, no obstante la abundancia de su hermoso plumaje rojo y gris.

Las *ánades* abundan de muy diferentes tamaños, encontrándose desde el pato real, negro y blanco con cabeza roja, hasta el pequeño y chillón, que habita en los manglares.

El *martín pescador* y *martín cazador*, que se alimentan de peces e insectos.

La *garza* vive siempre en los ríos, pantanos, y en la playa son muy numerosas y de largas patas y cuello prolongado: presentan el más raro aspecto cuando se las ve posadas tranquilamente sobre el lomo del carabao mientras éste está pastando.

Los *palmípedos* abundan extraordinariamente en Mindanao, donde la mucha humedad de su suelo se presta de modo admirable al sistema de vida de estas aves; entre sus numerosas especies citaremos el *culisi*, la *aurega*, el *pato de monte* y el *pelícano*, ave de gran tamaño y hermoso aspecto por su blanco plumaje y majestuosos movimientos: gusta de las orillas de los ríos, por más que lo mismo busca el alimento en agua dulce que en la salada.

En Zamboanga se ven muy hermosos ejemplares.

Existen otras muchas clases de aves que por su utilidad hemos de mencionar.

La *golondrina* (aleyon salangane), de muy poco tamaño y de cuyo nido gelatinoso extraen los chinos un delicioso manjar. El nido lo fabrican en cavernas u otros sitios libres del paso del hombre; pero el indio, aguijoneado por el interés, lo busca en los sitios donde ya supone que existen, descolgándose a veces de grandes alturas en los acantilados de las costas, suspendidos de delgadas cuerdas de bejuco.

La *codorniz*, aunque algo más pequeña que la de España, abunda en los sitios donde hay sementeras de arroz.

La maya. Especie de pequeño gorrión, que como el anterior, abunda de un modo fabuloso; se reúnen en grandes bandadas, y vistas de lejos, por su pequeñez, más parecen insectos que aves.

Otros, sin ser de utilidad inmediata, podrían ser objeto de un activo comercio por la hermosura de su plumaje, que indudablemente tendría aceptación en el comercio para la aplicación del adorno de sombreros.

El *chupaflor* es sumamente pequeño, de variados colores y pico negro muy largo; se mantiene del jugo de las flores.

Pájaro mosca, *pipis* y *motacillas*, diminutos pajarillos de variados y brillantes colores; abundan mucho en todo el país.

Los *azucareros*, notables por la extraordinaria belleza de su plumaje que varía entre rojo, púrpura y los distintos matices del verde y azul sobre el fondo oscuro aterciopelado de la pluma pequeña que le cubre el cuerpo.

Reptiles

Especie numerosísima y prodigiosamente variada.

Entre éstas hay algunas que reportan al hombre gran utilidad.

El *carey*, del orden de los quelonios; tortuga de gran tamaño, apreciada por lo valioso del espaldar que lo cubre; éste es transparente, de color amarillo, jaspeado de otros más oscuros; su magnitud es grande, pues a veces tiene más de medio metro de largo. Hacen las posturas de sus huevos en la arena de la playa, ocasión que aprovechan los naturales para poderlos coger con suma facilidad, volcándolos con las patas hacia arriba. A la vez se aprovechan de los huevos, que son un rico manjar.

Los *saurios* son abundantísimos, tanto en el mar como en los ríos, esteros y lagunas.

El *caimán*, terrible animal que llega a alcanzar un tamaño gigantesco (5 a 6 metros de largo y hasta medio de ancho), causa infinidad de víctimas entre los indios.

Es de aspecto repugnante y de una ferocidad extremada, teniendo especial predilección por los perros, a los que acecha en el momento que los siente próximos.

Algunos indios cazan el caimán en su propio elemento: para esto se arrojan al agua armados de un fuerte bolo y de un trozo de madera dura afilado por los dos extremos.

Cuando están cerca del caimán y abre éste la boca para engullirle, el cazador introduce el brazo armado con el palo, cuidando de que los extremos afilados se apoyen cada uno en una mandíbula, impidiendo de este modo que pueda cerrarla, y en esta forma le hacen morir ahogado.

Estos animales serían muy numerosos, a no ser porque el padre encuentra en los hijos un apetitoso manjar que consume con frecuencia, a pesar de los cuidados de la madre.

Chacón, pequeño lagarto inofensivo que solo gusta de los lugares habitados: tienen un canto extraño, pues consiste en repetir su nombre de un modo monótono y acompasado; sus uñas son finas y agudas y de ellas se valen para andar por la pared, el techo y cualquier otro sitio por plano que sea.

Para desterrarlos de un punto donde se hagan molestos no hay cosa mejor que el humo del tabaco, con el que se asfixian y mueren.

Iguana, lagarto grande verdoso que abunda en los ríos: es inofensivo, excepto una variedad del río Grande, que es tan terrible como el caimán.

Dragón volador, lagarto pequeño que tiene adherida a la espalda dos alas membranosas, de las que se vale para dar cortos vuelos. Se dice ser venenosa su mordedura.

Sagita, muy parecido al anterior: hay quien cree que es una pequeña culebra que, provista también de alas, vuela cortos trechos. También se dice ser venenosa su mordedura.

Dahon-palay (hoja de arroz), nombre aplicado por el parecido que tiene con la hoja de esta planta, entre la cual se cría. Es de poco más de un palmo de longitud, de cabeza triangular achatada y cubierta toda ella de menudas escamas. La picadura, si no se acude a tiempo a cauterizarla, acarrea una fuerte calentura que termina con la muerte.

Alunolang y *San Diego*, muy parecidas a la serpiente negra del Indostán. Su veneno es tan activo que causa la muerte casi inmediata a la picadura.

El género *Pithon* es muy numeroso en Mindanao.

Laua (boas. Son de colosal tamaño, viven en terrenos pantanosos, en cavernas profundas y enroscadas a los árboles, desde donde acechan el paso de cualquier animal en el que puedan hacer presa. Algunas alcanzan 20 varas de longitud y hasta media de diámetro.

Naja o *serpiente de anteojos*; pequeña e inofensiva, le viene este nombre porque su cuello está cubierto de un dibujo parecido a unos anteojos.

Bobas, completamente inofensivas, habitan en poblados y su longitud nunca excede de 3 a 4 varas.

Los *batracios* están representados con profusión en todo el país; se multiplican de un modo prodigioso; así es que en el momento que las lluvias forman la más pequeña charca, surge un número infinito de ranas que ni de día ni de noche descansan en su monótono sonsonete, haciendo insoportable su vecindad.

Peces

Numeroso es este grupo de los vertebrados en las aguas de Filipinas; la gran mayoría son de las mismas especies de los conocidos en el Atlántico, con las variaciones consiguientes al clima y constitución del fondo del mar en que viven, elementos que es indudable concurren de un modo directo a las variaciones que en ellos se observan.

El *Holocentrum*. De hermosos colores, rojo, dorado y plateado.

Mesoprion. Especie de besugo de gran tamaño.

Ambassis, parecido al boquerón; el indio lo sala y prepara como las anchoas.

Salmonete, es muy abundante y exquisito al paladar.

Cofre. Su piel dura y huesosa opone una gran resistencia; es muy parecido al lenguado.

Rompe candados. Muy semejante a la pescadilla, más alargado que ésta, pero su carne blanca y suave le da una gran semejanza.

Taraquito, igual al bonito de España.

Atún, abunda en aquellos mares, por más que no sabemos el nombre con que lo distinguen en Filipinas.

Mugil, de regular tamaño y sabrosa carne. La propiedad que tienen estos animales de acudir al resplandor del fuego la aprovechan los filipinos para pescarlos sin gran trabajo: encienden hogueras en las vintas y en la playa, y cuando acuden los clavan con el arpón. Otras veces emplean una red con bolsas donde caen los peces al saltar.

En Mindanao encienden en la playa hogueras o forman hachas con maderas resinosas, con lo que lo atraen a la orilla y entonces el pescador le clava el arpón y lo recoge.

El volador, pescado que no excede nunca de una tercia: debido al gran desarrollo de sus aletas se eleva sobre las aguas y vuela un largo trecho. Algunas aves aficionadas a su carne lo espían y lo cogen al dar el vuelo; otras veces se elevan tanto que vienen a caer en las cubiertas de los barcos. Nosotros hemos tenido ocasión de examinar algunos de éstos en el viaje a Filipinas, pues en los días de viento eran muchos los que caían a cubierta.

Tiburón. Este sanguinario animal, que vive a costa de sus congéneres, es abundantísimo en los mares del Archipiélago. Los indios lo comen cuando es pequeño, y si es de gran tamaño aprovechan las aletas y cola que son objeto de comercio para exportarlo a China, donde sacan de ellas una gelatina muy apreciada como alimento.

Tintorera. También abunda mucho; sacan de ella los mismos beneficios que del tiburón.

Pez sierra y *Raya*. De gran tamaño, del que se sacan bastones muy apreciados, y a los que el indio atribuye extrañas virtudes.

Bogoon. Pececito que no pasa de un decímetro de largo; se coge en cantidades fabulosas, y después de salado y envasado en tinajas es objeto de un importante tráfico.

Por último, mencionaremos el curioso dalag, con el cual acontecen fenómenos que demuestran la extraordinaria vitalidad de este animal.

Al secarse algunos pantanos y arroyos donde éstos habitan se quedan aletargados en el fondo, y cuando al cabo de algunos meses vuelven las aguas, el dalag recobra la vida, volviendo a su anterior estado.

Algunas veces el indio no tiene necesidad de pescarlo; como se produce abundantemente en las sementeras de arroz, donde hay una capa fangosa en vez de agua, en la que el pescado circula con dificultad, mata a palos los que necesita para sus comidas.

Su carne, aunque insípida, es blanca y constituye un manjar agradable y sano.

Cuando el indio quiere dotar a sus sementeras de este pescado, hecha la *semilla*, como ellos dicen, que consiste en soltar vivos en el fango unos cuantos de éstos, y desde entonces sabe que no le faltará dalag en el momento en que llueva.

Las sardinas abundan extraordinariamente en todo el S. del Archipiélago.

En resumen: es tal la abundancia de pescado en las aguas filipinas, que allí la industria de conserva, tan próspera en las costas gallegas, encontraría una segura prosperidad, dada la abundancia y baratura de la primera materia y su excelente calidad.

Anillados

Este, que es uno de los cuatro grandes grupos o tipos en que los zoólogos dividen al reino animal, vertebrados, anillados, moluscos y zoófitos, abunda mucho en las islas Filipinas.

Los anillados, asimismo denominados, articulados y entomozoarios, se subdividen en nueve clases: insectos, miriápodos, arácnidos, crustáceos, anílidos, helmintos, turbilarios, cestóides y rotalarios.

La fauna entomológica, o sea la clase de los insectos, cuenta con una representación brillantísima en el Archipiélago, existiendo en él especies correspondientes a los diez órdenes en que se dividen: coleópteros, ortópteros, neurópteros, himenópteros, cepidópteros, hemípteros, dípteros, repípteros, parásitos y tesameros.

Entre los coleópteros, orden el más numeroso de la clase de los insectos, son dignos de mención como habitantes de las islas, las familias escaralecidos, malacodirindos y cerambicidos, cuyas especies más notables son los llamados escarabajos y los luciolos o lampíridos, vulgarmente conocidos bajo el nombre de gusanos de luz, que con su vivísima fosforescencia convierten a los bosques durante la noche en fantásticas irradiaciones de luces esplendentes de colores caprichosísimos y diversos.

El orden de los ortópteros encierra terribles enemigos para el agricultor filipino, que, como los porfienlidos o tijiritos, causan grandes daños en huertas y jardines; los blatidos, corredores o cucarachas, por demás abundantes, hasta constituir una plaga verdadera que puebla de huéspedes incómodos las casas y los buques; los mántidos, fásnudos, locústidos o saltamontes, grilidos y agrididos, voraces por demás, singularmente los últimos, una de cuyas más dañinas especies, la llamada langosta, ocasiona algunos estragos en los campos filipinos.

En la provincia de Manila existe un pájaro llamado Martín, propio de la región índica, el cual causa daños de consideración entre las langostas, toda vez que de ellas exclusivamente se alimenta. Por lo tanto conceptuamos importante que por el Ministerio de Ultramar se adoptasen aquellas medidas necesarias para que esta agridófaga avecilla se extendiese por la isla de Mindanao, donde el voraz agridido destruye instantáneamente leguas y leguas de frondosísimas plantaciones.

Al orden de los heurópteros pertenece el Termes Monocerus, denominado también Anay u hormiga blanca, que es un insecto notable, en cuya parte alta lleva tres ojuelos, hallándose armado de durísimos dientes en forma de tenazas, con los cuales destruye en pocos instantes maderas, ropas, papeles, libros, etc. La única madera que no ataca es el molave por su amargor y dureza extremada.

Las costumbres del Anay, terrible insecto para el indio filipino, son en extremo curiosas y dignas de ser conocidas por el colono peninsular, contra cuyos horrorosos estragos ha de adoptar gran número de precauciones. El Anay habita en sitios húmedos, construyendo con arcilla viviendas del tamaño de un hombre, tan duras y tan fuertes que un carabao puede pasar por encima de ellas sin que sean destruidas. Interiormente se componen estas habitaciones de celdillas separadas por tabiques, donde las hembras, llamadas por los indios *Reina de las hormigas*, deposita los 80.000 huevecillos que como resultado de la cópula arroja al exterior. Aunque el Anay destruye todas las maderas, excepto unas cuantas por su amargor y dureza, la que con más placer destruye es la del pinabete.

De los Himmopleros, las familias más conocidas en Filipinas son los Heterogínidos u hormigas y apidos o abejas. Las hormigas constituyen huéspedes incómodos y molestos en las casas y dañinos para la agricultura, y las abejas proporcionan a los salvajes y a los indígenas grandes ganancias con la cera y la miel que producen en los bosques, en cuyos árboles viven.

Entre los lepidópteros o mariposas notables por sus matizadísimos colores, se encuentra el gusano de la seda, que aunque podría ser susceptible de grande y provechosa explotación, no lo es a causa de que los vaguios y tormentas no lo dejan vivir.

De los Hemípteros se conocen en Filipinas sobre 550 especies, entre las cuales se encuentran las chinches y cigarras, así como los pulgóridos, notables por ostentar vivos colores, llevando sobre las alas manchas en forma de ojos como los que se ven en la cola del pavo real.

Los más numerosos de todos los insectos filipinos son los dípteros, ripípteros, parásitos y tisameros, los cuales constituyen enemigos temibles para el hombre, mamíferos y aves. Entre los dípteros, el género Lucilia, que es una especie de mosca, puede ocasionar la muerte de las personas que sorprenda durmiendo con solo depositar en la boca y narices sus huevos, de los que se originan después larvas que engendran perturbaciones orgánicas en extremo peligrosísimas. Pero como la obra sublime de la naturaleza se halla basada en el equilibrio, existen en aquellas regiones insulares dos familias de insectos dípteros, los asilidos y los impidos, que vienen a ser para todos los insectos dañinos lo que los milanos y gavilanes entre las aves, puesto que con su punta-aguijón chupan la sangre de las mariposas y larvas de que se alimentan.

Los miriápodos o mil pies, llamados así porque el cuerpo de estos animales es áptero, prolongado y dividido en considerable número de segmentos, en cada uno de las cuales llevan un par de patas cuando menos, viniendo a ser 24 o más el total de estos miembros. Entre los miriápodos filipinos merecen mención los escolopendras o cien pies, algunas de cuyas especies son eminentemente venenosas.

De los arsienidos encontramos en Filipinas gran variedad de escorpiones o alacranes venenosos y de arañas tejedoras.

Los crustáceos cuentan en las islas infinitas especies, que como los cangrejos, las langostas, los langostinos y otras, viven en el mar, en los ríos y en las lagunas, y constituyen un riquísimo y abundante alimento para los indios, aficionados en extremo a todo género de mariscos.

De las demás clases del grupo de los anillados, solo habitan en los mares y ríos filipinos la de los anilidos, cuyos órdenes, tubérculos, dorsifranquios y abranquios, encierran entre otras especies las lombrices de tierra y las sanguijuelas, que abundan en todos los lagos y riachuelos de tan riquísimo Archipiélago.

Moluscos

Importantísimo es este grupo en Mindanao, no solo por lo numeroso de sus especies, sino porque constituye la pesca de ellos una industria productiva y susceptible cada día de asombroso desarrollo.

Los moluscos o malacozoarios se dividen en seis clases: afalópodos, pterópodos, gasterópodos, acífalos, tunicarios o braquiópodos y carrópodos o briozoarios.

Aunque todavía no se hallan por completo exploradas las islas Filipinas, su fauna malacológica cuenta en la actualidad con 2.500 especies de moluscos marinos y 586 terrestres y fluviátiles, motivando tal abundancia la célebre frase de Kiseluz, consignada en su *Manual de Conchiología*, de que las islas Filipinas son el *paraíso de los moluscos*.

Entre los cefalópodos hay especies de sus órdenes dibranquiales y tetrabranquiales, que como el pulpo, calamar, la jibia y el nautilus, viven en aquellos mares.

Los géneros más notables de los pterópodos son los llamados Clio, Puenmodermon, Hyaloca y Limacina, abundantes en el Archipiélago.

Pero los gosterópodos, con sus nueve órdenes, pulmonados, undibranquios, imfirobranquios, tectibranquios, pectinbranquios, tubulibranquios, gentibranquios, ciclobranquios y heterópodos, constituyen la clase de los moluscos más numerosa de Filipinas y un manantial inagotable de variada y suculenta alimentación, a la par que conchas caprichosísimas por sus colores matizados y originales formas.

Los lamelibranquios, braquiópodos, órdenes únicos de la clase de los acéfalos, también cuentan con numerosísimas especies en Filipinas.

Los lamelibranquios aparecen representados en los mares filipinos por multitud de especies, siendo entre éstas las más notables el tridacuagigas o taclovo, cuyos valvus alcanzan hasta un metro de longitud, no bajando su peso de 100 kilogramos, y sirven, una vez extraída de ellos su exquisita y alimenticia carne, de pilas bautismales para las iglesias; la placuna, placenta, que vive en el cieno, a la entrada de los ríos, sin adherirse a parte alguna, y cuyas vulvus, reducidas a láminas de dos pulgadas en cuadro planas y transparentes, empléanse en las ventanas y miradores de Filipinas en vez de cristales, toda vez que ofrecen sobre éstos la ventaja de amortiguar la pureza del Sol, consintiendo el paso de una luz bastante clara. Pero sobre todas las especies, la de nulibranquios y aun de acéfalos filipinos en general, hay que colocar la *avicula Margaritifera* o madreperla, cuyo molusco está sujeto a una enfermedad especial que produce esas concreciones de tanto valor en joyería, conocidas bajo el nombre de perlas. La pesca de estas conchas reporta grandes beneficios en Joló y en la Paragua, pero sobre todo en Mindanao, donde los indios dedicados a la extracción de tales conchas obtienen de su trabajo sumas cuantiosas.

De los fumicarios y briozoarios, animales más comúnmente llamados moluscoides, conócense las especies del género ascidia, que para defenderse arrojan chorros de agua, y los del pirozoma, que a veces despiden una luz muy brillante, correspondiente a la primera clase, y las de los géneros flusta, retipora y milleposa, comprendidas entre los briozoarios.

Zoófitos

Son llamados zoófitos o animales plantas unos organismos sencillos que indudablemente constituyen el paso entre los reinos vegetal y animal, y que se hallan divididos en cinco clases: Equinodermos, Acalifos, Pólipos, Infusorios y Espongiarios.

Las estrellas y los erizos de mar y la holothuria o balate, objeto esta última de considerable comercio en Mindanao, Joló, Visayas y en las islas Carolinas y Palaos, corresponden a la clase de los equinodermos, fraccionada en tres órdenes; los estelíridos, equinidos y holothuridos.

Los holothuridos, sumamente apreciados por los chinos, por suponer que es un poderoso afrodisíaco, constituyen para ellos un manjar exquisito, llegando a pagarse las especies stichopus y bodohschin, abundantes en Filipinas, a elevadísimo precio.

Los acalifos, llamados ortigas de mar, abundan mucho en aquellos mares, y entre los pólipos se cuentan los anémonas de mar, las madréporas y los corales, que llegan a constituir en los mares filipinos numerosos arrecifes sumamente peligrosos para la navegación, cuyos arrecifes dan lugar con el tiempo a nuevas islas, como son la mayor parte de las llamadas Carolinas y Palaos. Tanto las madréporas como los corales son habitaciones, viviendas, fabricadas con el misterioso esfuerzo de millares de millones de pequeños pólipos, que enseñan lo que pueden aunados esos dos elementos primordiales, base del soberbio edificio de la naturaleza, la asociación y el trabajo.

Los infusorios también abundan mucho en las aguas de Filipinas, y de los Espongiarios encontramos la esponja y la canastilla de Venus (Euplictilla espaciosa), únicamente propia de Filipinas, cuyo zoófito se coge mucho en Cebú y parece más bien un vegetal marítimo que una especie de espongiario, que un animal el que más se acerca a las plantas, la que ha debido segregarse de la escala filológica recientemente, como resultado de la admirable facultad transformatriz inherente a todas las formas organizadoras.

Flora

La flora de Mindanao, como la de todo país tropical, ofrece un aspecto sorprendente, realzado con la exuberancia de vida que le presta la vegetación portentosa, propia de los fértiles y ricos territorios que la sustentan.

Allí se encuentran bosques inmensos poblados de árboles gigantescos; parajes grandiosos a cuya vista se extasía el pensamiento del hombre civilizado, poco habituado a la contemplación de la naturaleza adornada con sus galas primitivas, mostrando en admirable desorden las más apreciadas maderas, revueltas con otras plantas de frutos riquísimos que, como el café, cacao, canela y algodón, se ofrecen al hombre emprendedor en remuneración espléndida de sus afanes.

Las maderas, las fibras leñosas, esas cantidades inmensas de carbono y de otros elementos químicos que las fuerzas vegetativas van acumulando para que sirvan de armazón al vegetal, son asimismo de aplicación utilísima para la industria.

Puede decirse que las maderas constituyen un artículo de los más necesarios para el hombre.

La isla de Mindanao, cuyas maderas son tan excelentes como lo demuestran los apuntes que acerca de sus clases, peso específico, resistencia, etc., siguen a estas consideraciones, pudieran muy bien ser objeto de una gran explotación de esta especie: elementos tienen para ello.

Las florestas y las selvas filipinas son como las minas y el suelo mismo del Archipiélago: manantiales inacabables de riquezas que con el mudo, pero elocuente lenguaje de los hechos, llaman continuamente a aquellos países a capitales y brazos que exploten los tesoros que con tan pródiga mano ha derrochado allí la naturaleza.

Ya es hora, pues, que las riquezas españolas sean explotadas en provecho de los intereses nacionales, y que por la incuria de unos y la desidia de otros no seamos juguete de la ambición extranjera.

Para que estas noticias puedan ser consultadas con mayor facilidad mencionaremos por orden alfabético todas aquellas maderas y demás productos que sean de más valor o de útil aplicación.

Acle. Primera magnitud. De madera rojo oscura, muy buena para entablados, edificios y embarcaciones, es muy abundante.

Achuete. Para las comidas en substitución del pimiento (la semilla) y también se usa como tinte.

Alintatao. Muy parecida al nogal; tiene aplicación para muebles de lujo.

Alcanfor. Se han encontrado algunos ejemplares (canelo).

Almáciga. Abundantísimo en Surigao y Misamis.

Amuguis. Rojo claro, suele tener manchas plomizas; su tablazón es excelente para edificios y embarcaciones; al labrarla despide un olor muy desagradable, siendo poco apreciada por lo mucho que le ataca el anay.

Anagap. De gran magnitud; su madera es amarilla clara; textura fina y rompe en astilla larga. Es poco apreciada en construcción civil.

Antípolo. De primera magnitud; abunda en todo el Archipiélago; de color amarillento y manchas blanquecinas; su textura es estoposa, y no tiene otra aplicación que para tablazón y embarcaciones menores.

Anubión. De segunda magnitud; madera amarillenta parduzca, es muy apreciada en el país para los pies derechos de las casas.

Apiton Balao. De primera magnitud. Su madera, de color ceniciento verdoso con manchas claras, destila resinas muy olorosas que se emplean en ebanistería. (Muy abundante en Mindoro.)

Bacao. La infusión se emplea para preservar las redes de la putrefacción.

Bancat. De primera magnitud. Su madera es amarilla, oro verdoso y muy resistente para edificios, muebles y barcos; muy abundante en Mindanao y Mindoro.

Balete. En medicina se aplica para la curación de heridas.

Balibago. Se emplea en la fabricación de papel, y con sus filamentos se tejen cuerdas muy resistentes.

Bolonquita. Madera rojiza con vetas negras, muy apreciada.

Balao. De primera magnitud; produce una gamo-resina que lleva su nombre, muy olorosa y aplicable al barnizado de muebles. Su madera es de color amarillo claro o ceniciento verdoso, y a veces es de tintes rojizos, manchado de amarillo; su textura es mediana y muy variable; es usada en construcción civil y para la fabricación de canoas.

Bamalagui. De primera magnitud. La madera es apreciada en construcción civil por sus buenas cualidades de elasticidad y resistencia; es de color blanco sonrosado con manchas cenicientas, y a veces de un rojo claro muy igual; su madera es sólida y resistente.

Baticulin. Madera blanca amarillenta, muy floja y porosa; se labra con facilidad y adquiere buen pulimento.

Betis (*azaola betis*). Es de primera magnitud, y su madera apreciadísima en construcción naval, no tiene rival para quillas. Es de color rojo variable, de textura sólida y poros poco visibles.

Banaba. Hay dos variedades, de la misma especie ambas. Es árbol de mediana magnitud y alcanza de 10 a 12 metros de altura. Es muy apreciada por su dureza y ser incorruptible bajo del agua.

Bejuco. Uno de los vegetales más útiles y de más general aplicación en el Archipiélago. Se emplea entero y partido para cuerdas y en el amarre o sujeción de cuanto pueda ser necesario, sin que en ningún caso deje de ser utilísima su aplicación. Su longitud es extraordinaria, pasando ordinariamente de 100 metros. Hecho fibras muy finas y perfectamente limpias de la sustancia interior, se fabrican tejidos de gran finura, y exportado a Europa se emplea para el tejido de asientos de rejilla.

Calamausauay. Primera magnitud, y madera muy apreciada, de color blanco sonrosado hasta el rojo subido, textura sólida.

Cauayang. Esta caña del género bambusa, que alcanza a veces hasta uno y medio y dos decímetros de diámetro, tiene en Filipinas muchas aplicaciones. Enteras constituyen el armazón y pies derechos de las casas ordinarias del indio, para formar balsas, en las que se hace el tráfico por los ríos, acueductos, vasijas de todas clases, cestas, muebles, aparatos de pesca, puentes, armas, cuerdas, y hechas tiras tejen unos tabiques que en el país son irreemplazables.

En resumen, que esta planta, a semejanza del cocotero, la nipa y el bejuco, constituye un don inapreciable en los países tropicales.

Calantas o *cedro*. De primer orden. De color rojo carne, ladrillo y amoratado, y a veces sonrosado; textura grosera y poros muy marcados; su olor es muy agradable. De inmejorable calidad; se emplea para los cajones de tabaco.

Canela o *calugac*. La hay en abundancia en Sibuguey y Lanao (inmediaciones de la laguna), abunda en los montes, y su jugo tiene propiedades medicinales.

Calumpong. De primera magnitud, madera poco apreciada que solo se emplea en tablazón.

Culong-manoc. De mediana magnitud. Su madera, que es de buenas cualidades, se emplea en construcción civil y ebanistería. Su color es variable, del blanco sonrosado a rojo de ladrillo.

Camagón. De segunda magnitud, muy parecido al ébano; su madera es negra, con vetas rojas o blancas, adquiere buen pulimento, se emplea en bastones y muebles de lujo.

Camayugan. Da excelentes resultados en la construcción. De grandes dimensiones; color variable de rojo claro, violado y rojo encendido y tostado, de textura compacta, y en algunos se nota un olor fuerte y agradable de viviendas.

Café y *cacao*. Abunda y se da de excelente calidad.

Cabo negro. Sumamente útil por la hilada que de él se extrae; es artículo de exportación.

Clavero.

Calumpit. De segundo orden. Madera de color amarillento sucio, textura floja con poros pequeños. Muy a propósito para trabajos de adorno y con la corteza se hace un tinte especial para teñir el algodón.

Camuning. De tercera magnitud; color amarillo con vetas ondeadas y manchas parduzcas; textura compacta y gran dureza y resistencia; adquiere buen pulimento y tiene aplicación para ebanistería. Muy parecido al camagón.

Dita. Substituye a la quina para la curación de fiebres.

Dinglas. De primera magnitud; color rojo parduzco, textura fina y poros de mediano tamaño, siendo muy refractario al anay.

Dungol. De madera rojiza amoratada, textura sólida, fibras comprimidas y poros poco visibles; tiene un olor particular que recuerda al del cuero curtido; muy difícil de labrar, es muy abundante. Árbol de gran magnitud.

Damal. Madera sumamente blanda, aunque resiste; se emplea para tornear.

Ébano. De color negro, madera apreciadísima para muebles de lujo y fabricación de carbón de pólvora (difiere del camagón en que no tiene vetas blancas ni amarillas).

Guijo. De primera magnitud, muy abundante, de madera rojiza. Se emplea en construcción y para carruajes; en Mindanao alcanza dimensiones colosales.

Ilang-ilang. Árbol de madera blanca sin aplicación alguna, pero sus flores, de las que se extrae la célebre esencia de su nombre, lo hacen sumamente apreciado. Abunda en *Butuan.*

Ipil. De primera magnitud, gran tamaño y dureza; su madera es rojiza y de aprecio (muy a propósito para exportarla a Europa, donde sería de aplicación en las vías férreas).

Lauan. De gran tamaño, segrega una resina que se emplea en Visayas y Mindanao en substitución del incienso. Su madera es muy poco estimada en construcción, no teniendo otra aplicación que la construcción de pancos.

Lanete, segundo orden, madera fina, blanca de hueso o ceniza; se construyen sillas iguales a las de Vitoria. Muy apreciada para construcción de muebles.

Malatapay. Para construcción de muebles: de tercer orden.

Malarujat. De grandes dimensiones, madera amarillenta, vetas y visos morados; da buena tablazón y se usa en construcción y en muebles ordinarios.

Malatumbaga. De grandes dimensiones, madera color rojo carne o ladrillo, de textura compacta y de fácil labra; se saca buena tablazón que se emplea en cajones.

Mayapis. De gran magnitud, madera rojiza con vetas plomizas, es blanda y poco resistente, solo se emplea para cajones y construcción de pancos; cortada su madera se vuelve negra, es muy apreciada en la ebanistería para muebles finos.

Malabonga. De segundo orden, muy abundante; pero poco apreciada por ser muy atacada por el anay.

Mangachapuy. De primera magnitud, de color blanco y colorado. Se encuentra en todo el Archipiélago y se usa en la construcción de edificios y embarcaciones.

Manungal. Llamado árbol de la quina; con su madera se hacen copas que dan al líquido que contenga un sabor amargo muy pronunciado, que surte los mismos efectos que la quina.

Mangasinoro. Muy grande y abundante; pero su madera no tiene resistencia para el empleo en construcción.

Molave. Alcanza hasta 20 metros de altura y un diámetro en el tronco de 0,60. Madera de gran valor y la más apreciada en el país, su consistencia y duración es casi eterna. Resiste debajo del agua, sin que desmerezcan sus buenas cualidades.

De gran magnitud, de color amarillento verdoso o pardo, es la mejor madera para pies derechos en la construcción de edificios, por ser impenetrable al anay.

Narra. De primera magnitud. Muy apreciada y de color encarnado, parecida a la caoba; la variedad blanca es más inferior; sus grandes dimensiones permiten sacar tablas para soleras que miden de 15 a 20 metros, siendo susceptible de adquirir un hermoso pulimento.

Nato. De primer orden; madera blanca sonrosada con manchas rojizas muy finas y muy abundante en Mindoro, muy apreciada como madera de sierra en construcción civil o naval.

Nipa.

Pagatpat. De segundo orden. Crece en las orillas del mar, en los ríos, y sobre todo, en el mangle; su madera es muy dura, pero esponjosa y de poco peso, y se emplea en las obras hidráulicas.

Palo María. Árbol que adquiere gigantescas proporciones: es muy apreciado, porque además de su útil aplicación para arboladuras, se extrae de él aceite, brea y un excelente bálsamo para curar las heridas.

Palma brava. Se usa en edificios, estacadas y canales, es de muy bonito veteado para los bastones.

Sampaloc o *tamarindo.* Además de su fruta, de la que se extrae un ácido para refrescos, se utilizan las raíces en ebanistería.

Santol. Alcanza hasta 12 metros de altura. da una fruta muy apreciada del indígena; su madera es fuerte y de bastante duración.

Sibucao. Madera rojiza anaranjada. Sumamente apreciada por la materia colorante que segrega el tronco; su parecido al campeche, pero muy superior a él; se hace mucha exportación de esta sustancia. Los indios emplean la madera para clavazón de barcos.

Tangile. De primer orden y madera roja tostada. Por la magnitud de su tronco lo emplean los naturales en la construcción de canoas.

Teca. Árbol de gran magnitud, de madera incorruptible, por lo que después del molave es la más apreciada, es poco conocida en Filipinas, y en Mindanao y Joló es donde principalmente abunda.

Tíndalo. De gran magnitud, de madera rojiza al cortarla y negra con la acción del tiempo, es apreciada en ebanistería.

Yacal. Muy apreciada, es celebrada la corpulencia de su tronco, que llega a alcanzar 20 metros y cerca de uno de diámetro; es la mejor madera para embarcaciones del país.

Tabigui. El fruto de este árbol da buenos resultados en la curación de humores sifilíticos. Su madera es tintórea.

Tabla comprensiva de las condiciones de las maderas reseñadas.

Nombres.	Elasticidad. Carga	Peso específico	Resistencia.
Acle	0'004-5'751	0'709	40'594
Amuquis	0'005	0'538	23'924
Anagap	0'006	0'486	23'465
Antipolo	0'007	0'595	34'235
Anubión	0'005	0'593	25'765
Apiton	0'005	0'615	21'624
Banaba	0'0035	0'776	29'820
Bancal	0'005	0'521	31'804
Bansalagui	0'002	0'676	58'087
Baticulin	0'005	0'500	21'394
Batitinan			
Balao	0'0037	0'393	31'545
Betis	0'0026	0'719	31'718
Bolonguita	0'003	0'789	34'967

Calantas (cedro)	0'0075	0'563	21'222
Calumpong	0'0046	0'765	34'679
Calumpit	0'0044	0'666	22'692
Camagon	0'0022	1'155	40'028
Camayuan	0'0032	0'788	35'341
Camunig			
Cubi	0'0034	0'581	41'237
Culing-manoc	0'002	0'773	46'699
Dinglas			
Dungon	0'003	0'833	35'140
Ebano	0'0022	1'153	40'028
Guijó	0'0035	0'685	49'746
Ipil	0'0024	0'75	44'658
Lanete	0'0068	0'495	26'829
Lanutan	0'002	0'784	32'667
Lanan			
Macasin	0'0052	0'683	28'526
Malahonga			
Malacaduis	0'0028	0'80	24'845
Maralujat	0'0046	0'641	27'375
Malatalang	0'004	0'662	31'286
Malatapoy			
Malatumbaga			
Mangachapuy	0'003	0'766	33'127
Mangasinoro			
Marang	0'0048	0'465	20'704
Mayapis	0'004	0'511	26'915
Molave	0'0035	0'819	41'552
Narra	0'0037	0'634	41'529
Idem blanca	0'0037	0'615	36'347
Nato	0'003	0'379	31'286
Pagatpat	0'0014	0'898	63'263
Palo-María	0'004	0'73	36'334

Palo-nopuy	0'0035	0'571	25'368
Panguisan	0'0028	0'745	35'127
Pasac	0'0035	0'785	27'145
Santol	0'0032	0'470	26'312
Supa			
Tangile	0'004	0'603	29'676
Tíndalo	0'0034	0'809	39'539
Yacal	0'0032	0'925	54'981

La familia de los gramíneas se encuentra representada por más de 4.000 especies; entre éstas las más importantes son: el palais (arroz), maíz, caña de azúcar y el bambú, que toma consistencia leñosa adquiriendo una gran resistencia que, unida a su extraordinaria magnitud, proporciona al indio excelente material para construir sus viviendas, puentes y otras infinitas aplicaciones.

Otras, en cambio, son sumamente perjudiciales como el «cogon», que ocupando grandes extensiones de terreno sin producir ningún beneficio, sirven solo para que la langosta, encontrando en los cogonales excelentes semilleros, se propague de un modo fabuloso.

Los helechos son muy numerosos en el país; solo encontramos que tenga una positiva utilidad el llamado Nito, con el cual teje el indio petacas, sombreros, salacos y otra infinidad de objetos.

Como final mencionaremos todas aquellas plantas que por sus productos o aplicación sean de alguna utilidad.

Se extrae aceite de una fruta parecida a una pequeña aceituna que llaman los naturales «Lumban» y del «Linga», cuya semilla es muy parecida a la del lino.

Sacan filamentos para tejidos del Maguí o Piña y para cordelaje del Abacá y otros menos importantes.

Substituyen el jabón: el gogo, bansicalay, papaya y otros.

Como plantas alimenticias, aparte del palais, camote y ubi, que sirven de alimento en todas las islas del Archipiélago, lo mismo que el plátano, cuya riquísima fruta constituye uno de los artículos más importantes en la alimentación de los naturales, la manga, piña (anana), mangostan, que solo se produce en Mindanao y Joló, chicos, ate, santol, lanzon, guayaba y el naranjo y limonero, que han sido importados de España.

Existen también infinidad de plantas medicinales cuya eficacia la consideramos en su mayoría muy dudosa.

Abundan las flores, que a la belleza unen la embriagadora fragancia de su perfume. Entre éstas se distinguen el ilang-ilang, la sampaguita y la azucena.

Como se ve, la riqueza forestal en Mindanao es extraordinariamente variada, por más que aquí solo mencionamos aquellos productos más importantes y alejándonos de las clasificaciones botánicas a fin de que resulte algo extractado nuestro trabajo.

Razas que Pueblan la Isla

La población indígena de Mindanao puede dividirse en los grupos siguientes:

Los aborígenes o primitivos habitantes de la isla llamados *aetas*, negritos o mamanuas, sumamente refractarios a la civilización, habitan en el interior de los montes haciendo una vida errante y retraída de todo trato social con los pueblos vecinos. Se encuentran en algunos montes de Surigao y *Butuan*, corriéndose hacia el S. hasta las inmediaciones del seno de Davao. Ocupan las márgenes de la laguna de Sapongan y las islas del N.

Malayo-mahometanos.[4] Los malayo-mahometanos, que dominan en toda la parte S. de Mindanao, extendiéndose hasta las grandes lagunas del centro y en muy pequeño número en algunos puntos de la costa N.

Difícil sería hacer un verdadero estudio de la raza mahometana de Filipinas. Constituida por la mezcla constante entre la raza árabe invasora y las diferentes tribus del país, su constitución es un conjunto abigarrado, en el que han desaparecido casi por completo los caracteres etnológicos de los primeros invasores.

El idioma se encuentra en caso análogo. Los panditas o sacerdotes se transmiten de unos a otros el conocimiento del idioma árabe, el que necesitan para sus prácticas religiosas; pero la masa total de la población habla mezcla confusa de visaya y árabe con palabras tomadas en cada punto de

---

4   En lo que respecta a esta raza, tomamos datos de los señores Moya y Montero Vidal. (N. del A.)

los pobladores que existían cuando el mahometano conquistase el territorio, constituyendo un idioma dificilísimo de entender por la algarabía consiguiente a la intercalación de palabras de distintos dialectos, según la localidad del que lo habla.

El moro oceánico es en general de regular corpulencia, estatura mediana, de color cobrizo amarillo, propio de la raza malaya; ojos oscuros y rasgados, cejas pobres, nariz roma y labios delgados, por más que el uso del *bullo* no permita apreciar esta circunstancia; la cara resulta enjuta de carnes aunque ancha por lo saliente de los pómulos. Los panditas y otros jefes se dejan crecer el bigote, pero fuera de estos casos el moro se arranca los pocos pelos que constituyen su barba. La cabeza se la suelen afeitar, pero una vez casados todos se dejan el pelo largo. Su pecho es robusto, de tórax desarrollado, a propósito para las rudas faenas que soportan en el mar y en particular en la pesca de la perla.

El traje, aunque varía según la localidad, guarda relación en los detalles generales.

En Mindanao los hombres usan camisa partida, pantalón ancho y pañuelo en la cabeza arrollado en forma de turbante; las mujeres visten de blanco, llevando una especie de saya que llega poco más abajo de la rodilla.

Por influencia del clima, como ocurre al indio, el moro es apático y abandonado; reservado y suspicaz, pocas veces da a entender sus pensamientos, que oculta hasta en lo más insignificante y baladí.

Celosos de su nobleza, que fundan en larguísimos abolengos, son extremadamente orgullosos. Les gusta relatar los hechos de sus antecesores y las distinciones ganadas por éstos en la guerra, cuya historia se repiten unos a otros durante las largas horas de sus reuniones amigables, llamadas *Vicharas*.

Su ilustración es escasísima y reside en determinados individuos; pocos saben leer y menos escribir, a excepción de los dignatarios, que solo por este concepto monopolizan los puestos y poco o nada hay escrito sobre su lengua, que viene a ser, como ya hemos dicho, una mezcolanza de la árabe con muchas palabras chinas, malayas, tagalas y visayas.

El moro, enemigo taimado y audaz, no perdona nunca medio alguno para causarnos el mayor mal posible; protegidos por la oscuridad han caído sobre pueblos inermes, ocasionando innumerables víctimas, haciendo centenares de cautivos; encastillados y defendidos por los bajos y arrecifes que circundan sus islas, están siempre listos para sorprender las embarcaciones que por allí se aventuran, cautivando a sus tripulantes y haciendo buena presa de los cargamentos.

El moro fue siempre un hombre terrible en la guerra, y lo mismo en Mindanao como en Joló; el número de su fuerzas no es conocido, porque allí donde hay un moro hay un guerrero; va siempre armado con lanza, *cris* o *campilan*, armas que nunca abandona, que son compañeras inseparables suyas, y que maneja con una rara habilidad; acostumbrado, como el indio, al clima en que vive y a las fatigas de su azarosa vida poco necesita para cubrir sus atenciones; bástale un puñado de arroz, las frutas que el bosque le brinda, la pesca que abunda en sus playas y el agua de sus pantanos. Cuando se pone en marcha no atiende sino a sus armas, duerme a campo raso, come lo que encuentra a mano, siendo esta propiedad tan inherente de su vida que para él, el mal alimento no constituye quebranto alguno.

Dotado de grande astucia, nunca se presenta en el llano en caso de guerra, prefiere lo intrincado de sus bosques, lo inaccesible de sus playas, donde se defiende con esa terquedad que le es común y con ese fanatismo peculiar al mahometano.

Atento primeramente a la seguridad de la familia, elige para situar sus poblaciones los puntos pantanosos de la playa, en la que vive con toda comodidad sí, pero rodeado siempre de precauciones, importándole poco la vecindad de las aguas, que para el moro, criado en ellas, la cosa más natural y más sencilla es el paso a nado de cualquier río por ancho y caudaloso que éste sea.

Sitúa sus fortalezas llamadas *Cottas* en los puntos culminantes que por su posición dominan el pueblo donde se avecina. Estos fuertes los constituyen una doble estacada rellena de tierra y piedras, que forma un macizo de 6 a 8 metros de espesor y 8 a 10 de altura. Allí parapetados esperan, con la calma que da la impunidad, hasta descargar sus armas a boca de jarro sobre el enemigo, resguardados en los *manglares* que por lo regular rodean sus cottas, e impiden la entrada en ellas de no ir provisto de guía.

Fabrican sus armas, a las que dan buen temple, siendo en algunas el trabajo muy esmerado. Estas consisten, generalmente, en una hoja acerada de formas variadas y de 40 a 60 centímetros de longitud, que por medio de una espiga montan en un puño de madera, sujetándole al arranque de la hoja con una virola trincada con hilo metálico, que sube en forma de adorno hasta el pomo. Este suele tener la forma de doble pico de loro. Las vainas las hacen también de madera, en dos piezas a lo largo, sujetas con abrazaderas de bejuco o de latón. Para el asta de sus lanzas suelen emplear la madera del *Guijo* o el *Palasan*, especie de bejuco, grueso y consistente.

Usan armas de fuego, siendo éstas fusil y cañón, de antiguos sistemas, desechos del Ejército, por más que tengan algunas de retrocarga y de repetición. También emplean un pequeño cañón llamado *lantaca*, de uno a cuatro centímetros de calibre. La mayor parte de estas piezas proceden de las embarcaciones que en sus antiguas correrías apresaron, si bien las lantacas son fundidas en el país, donde de muy antiguo las fabricaban.

La manera de combatir el moro es por demás original; cubierto con su rodela, armado de cris o campilan, se presenta al enemigo, al que aturde o desorienta con sus innumerables saltos y sus penetrantes gritos; ya a su altura casi, amaga un ataque; ya con increíble ligereza, colocado a diez pasos, parece limitado a la defensa, y de pronto, lanzándose sobre el adversario, le da golpe mortal.

El campilan, arma que usa con preferencia, mantiene en el puño una especie de cola formada por mechones de cerda, y en su danza guerrera vuelve rápidamente la hoja, presentando a la vista del enemigo, para aturdirle, aquel largo penacho que se agita, con cuya operación llama la atención del enemigo, le aturde y cuando le encuentra descubierto le ataca con increíble rapidez.

Tienen una habilidad especial para arrojar las flechas y la lanza desde la altura de sus parapetos, atravesando distancias grandes con certera puntería.

Los llamados *Juramentados* son entre ellos los más temibles; estos fanáticos hacen voto de morir matando, creyendo así conseguir irremisiblemente el Paraíso. Las más de las veces son condenados a muerte, que de este modo intentan redimir su vida, si después de dar muerte a algún soldado consiguen escapar llevando el armamento del muerto. En estos casos no hay para ellos obstáculo alguno, pues ciegos en su furor todo lo salvan con tal de conseguir sus designios. Se han visto casos de presentarse tres de estos fanáticos, después de sorprender los centinelas de un cuerpo de guardia, y aprovechándose de la negligencia del soldado indio acuchillar toda la guardia antes de que ésta pudiera tomar las armas.

En la campaña de 1876, dos de estos desgraciados pretendieron volar el polvorín del fuerte de Alfonso XII (Joló), y atravesando el recinto de los primeros centinelas lograron pasar el pueblo, no obstante la exquisita vigilancia de los nuestros, llegando hasta arrojar por encima de la estacada una especie de pucheros pequeños llenos de pólvora y provistos de su mecha, que hubieran causado grave trastorno a no equivocar el punto del ataque.

Por lo descrito puede deducirse con cuánto conocimiento y precauciones debe llevarse la guerra a estas gentes, donde es enemigo hasta el clima, que ocasiona las terribles calenturas palúdicas que han diezmado siempre nuestras expediciones.

En la campaña de Joló en 1876, llevada a cabo por el general Malcampo, la mayoría de las bajas ocurrieron en los mangles, donde quedaron encenagados hombres y pertrechos.

Los moros de Mindanao son recelosos, hipócritas, y como todos los de su especie, fanáticos por sus creencias. Constituidos en gobierno, obedecen directamente a los Dattos, los cuales, para su sostenimiento, cobran de todos sus súbditos, ya sean o no moros, una contribución llamada *Pagdatto*, que consiste en un jabol, un bolo y veinte gantas de palay por cada matrimonio. Los Dattos dependen de un Sultán, jefe superior de la isla, que a su vez gobierna sobre los mandarines y otros tantos Radjas, formando una confederación que comprende todas las tribus o sus rancherías. En cada una existen las siguientes autoridades: el *Tuang* (Gobernadorcillo), el *Cuano* (teniente de justicia), el *Lamudia*, *Nacuda* y *Timuay* (Jueces 1.º, 2.º y 3.º), el *Gangalia* (alguacil), el *Baguadato* (Principal o cabeza) y *Maraddiadinda* (Primogénito de id.)

Los Dattos suelen distinguirse de la gente del pueblo en el mayor adorno de sus vestidos, en los que usan botones dorados, y en la costumbre de llevar siempre el pañuelo en la mano y seguirle algún esclavo con la caja del bullo.

Su jerarquía religiosa se compone de los llamados *Sarip* y *Pandita*, sacerdotes que celebran las ceremonias de sus ritos en el Langa (mezquita o camarín.) En el Sambayang (tiempo de Pascua), que dura unos siete días, está prohibido a todos los creyentes probar alimento alguno, y solo soportan este riguroso ayuno, merced a una ligerísima colación que toman a media noche, hora en que creen dormido a su Dios; pasado este tiempo se purifican todos con un baño general, y celebran la fiesta con grandes comilonas, en las que figuran preferentemente unas sopas condimentadas con aceite de coco, llamadas *Ponian* y *Sindo*. Les está prohibido asimismo comer carne de cerdo y el uso de bebidas espirituosas.

Para los casamientos han tomado ceremonias de los primitivos habitantes, si bien, estando admitida la poligamia, toman todas las mujeres que pueden mantener. Si el pretendiente pertenece a la categoría de *Bacungtao* (hombre de pró), tiene que regalar a la novia de uno a seis esclavos por vía de declaración, y durante el tiempo de las relaciones, arroz, buyos, tuba, etc.; si el casamiento no se lleva a cabo puede el novio reclamar lo entregado, siempre que la culpa sea de ella, en cuyo caso recibe, además, un esclavo.

La costumbre que tienen para efectuar sus enlaces es verdaderamente especial. Cuando forman el proyecto de buscar esposa, mandan a uno de sus amigos de más representación a casa de la novia para solicitarla del padre o pariente, el cual, oído el parecer de la pretendida y siendo favorable, contesta desde luego que puede ir el novio por ella. En su vista éste se dirige a la Mezquita y llama al Iman, en cuya compañía reza las oraciones marcadas, y luego después ambos marchan a casa de la doncella, ante la que se paran, preguntando el pretendiente desde fuera si puede entrar. El padre, que sale a la ventana, contesta afirmativamente, y en el momento de intentar el pretendiente abrir la puerta, salen todos los parientes de la doncella y se arrojan sobre él, simulando un ataque en el que ellos le amenazan y él se defiende, arrojándolos los objetos que para regalo lleva uno de sus esclavos o servidores en un gran bolsón que contiene los presentes de la novia. Después de este paso, y cuando el campo se ha despejado, sube el novio la escalera de la casa, entrando con el Iman en la habitación donde se encuentra la señora de sus pensamientos muelle e indolentemente tendida en un cojín; preséntale él sus respetos; su acompañante, haciéndola levantar, la coge por la cabeza dándola dos vueltas a la derecha, y, finalmente, asiendo la mano del novio, la coloca sobre la frente de la novia, la que inmediatamente se cubre el rostro en señal de rubor. Retírase luego el Iman, dejándolos solos. El novio prueba a besar y abrazar a la novia, defendiéndose ésta a mordiscos y arañazos; logra él cogerla; ella chilla y huye, y así se están una hora larga, corriendo el uno en pos del otro entre las risas de ella y los juramentos de él, hasta que el padre penetra en la habitación, manifestando que puede darse por satisfecho de la pureza de su hija, y entonces el novio deja la casa para ordenar los preparativos de la boda, que empieza aquella misma noche y dura otras dos más, con grandes comidas, bromas y jaleo de los convidados. El aspecto de esta fiesta es interesantísimo en la última noche, después de la cena, hora en que se ultiman las ceremonias del enlace. La novia, en poder de sus madrinas, cambia el traje de su vida honesta por el que le lleva su señor, y mientras tanto, a los acordes de una música y el canto de los concurrentes, cuyo compás llevan todos colocados en cuclillas, golpeando el *sahig* (tejido de cañas del piso) con unos baquetones de madera, dos o tres doncellas ejecutan el baile conocido por el *Paujalay*, que amenizan ya con dulces y provocativos balanceos, en los cuales ora tocan el suelo, ora se yerguen risueñas, dejando adivinar en sus ligeros trajes todo el incentivo de sus encantos, o ya, en fin, con ademanes nerviosos, en cuyo espectáculo arrebatador e indescriptible se pasan las horas sin sentir, en el mayor arrobamiento.

Concluida la fiesta, el emisario primitivo conduce la doncella a la casa del señor entre la algazara y chanzonetas de los convidados, que satisfechos y llenos de gozo abandonan también la casa paterna para ir a sus hogares.

Para solicitar las concubinas se acostumbra mandar un emisario a la casa de los padres con el cris o campilan del pretendiente, en cuyo nombre, una vez tomada la venia, contrata con la doncella las condiciones de la concesión, y seguidamente la lleva a la morada de su dueño. Cuando se trata del Sultán, el emisario, sin tomar permiso de los padres, expone a la pretendida el objeto de su comisión, que todos acatan con las mayores muestras de satisfacción, llevándose la muchacha sin otras ceremonias. En todos estos contratos, para no herir la suspicacia se procura que el mercurio sea por lo menos de la categoría de la mujer.

Con la misma facilidad llevan a efecto los enlaces que la separación de los esposos, que tiene lugar por la sola voluntad del varón, perdiendo la repudiada todo derecho al que fue su señor, el que la devuelve a su familia o la deja en la calle abandonada a sus propios recursos. Los hijos habidos en esta unión quedan siempre con el padre, a menos que ellos quieran irse con la madre, y en ambos casos tienen derecho como los demás a la herencia de los dos.

En sus bautizos, que celebran según los ritos, acostumbran a tener grandes comilonas, cuya importancia varía según los padrinos, y uno de sus preceptos más respetado es la circuncisión, que llevan a cabo, como muchas razas filipinas, no solo con sus descendientes, sino con todos los que hacen vida común con ellos.

Para enterrar sus difuntos tienen cementerios señalados, y la fiesta fúnebre se reduce a colocar sobre la sepultura del finado la cabeza de un pollo con un ascua encima, mientras el Pandita murmura las oraciones adecuadas.

Su legislación penal consiste en los castigos corporales y las multas, si bien, dadas las costumbres del país, la justicia se la toma por su mano cada ofendido; así, por ejemplo, el que sorprende en delito de adulterio a su mujer, es árbitro de cortarla una oreja y raparla la cabeza, degradándola a ser esclava de sus concubinas; al seductor cogido *infraganti* puede quitarle la vida; pero en cambio si éste se pone bajo el amparo del mandarín, paga su delito solo con la cantidad de ocho pesos, precio bien miserable que sin embargo no le exime de purgar su falta ante el ofendido, pues siendo por principio sagrada entre ellos la venganza, y considerado cobarde el que no lava en sangre sus afrentas, queda aquél a merced de éste, que en la primera ocasión se le presenta cris en mano para cobrar su deuda.

La calumnia no probada se pena con 15 pesos; la herida leve con 5; la grave con 15 y el instrumento con que se perpetró; la muerte, con multa de tres a seis esclavos o la vida en su defecto, teniendo presente que un esclavo vale de 15 a 30 pesos, según su calidad; el robo de valor de un peso cuesta 30 y un esclavo o la esclavitud del culpable; el adulterio 60 y dos esclavos o la vida; la violación 30 y un esclavo o la vida. Si un deudor se niega a pagar una deuda reconocida, paga por la primera falta el doble, por la segunda el triple y por la tercera queda hecho esclavo o paga con su pellejo. Las faltas cometidas contra los jefes tienen penas crecidísimas; el que insulta a un Datto es castigado con la muerte, a menos que entregue 15 taeles de oro, y si es perdonado pasa a la categoría de esclavo, cualquiera que sea su clase, siendo esta misma pena aplicable por la junta de jefes al noble que falta gravemente a otro.

Cuentan el tiempo, no por lunas, sino por días de la semana, como nosotros, llamando *Sapto* al lunes, y así sucesivamente los demás, *Ahát, Isnin, Sarasa, Araboja, Cammis*, hasta el Domingo que nombran *Diammat*.

Asumiendo los Dattos el poder omnímodo, son los que dan fallo sobre todos los pleitos de su tribu, cobrando de intereses un real por peso; si el pleito es entre dos Dattos, los embajadores llamados *Tumangung* son los que arreglan las diferencias, y solo en caso extremo se apela a la fuerza de las armas.

Conocen la moneda, pero acostumbran en la mayoría de sus negocios a usar los cambios. Su comercio consiste en arroz, café, balate, cera, biao, almáciga, carey, concha, nacar y petates.

Su industria se reduce a los tejidos de algodón y abacá, que coloran con el jugo de algunas plantas, a la fabricación de armas blancas y a la explotación de minas de plata y otros metales que se encuentran en sus dominios.

Además del opio y los gallos, una de las diversiones más concurridas es la lucha de los carabaos, que llevan a efecto colocando dos machos junto a una hembra, y teniéndolos sujetos hasta el momento del celo, llegado el cual los sueltan. Los animales se acometen impetuosamente poseídos del mayor furor, hasta que uno muere o huye, en cuyo caso el que queda cubre a la hembra, y los espectadores cobran sus apuestas, celebrando la función con gran algazara y chacota.

Conocen, en fin, varios juegos de naipes, entre ellos algunos de azar, como también se ejercitan en el canto y los bailes populares, que son la alegría de sus fiestas, y entre los que merece especial mención el llamado *moro-moro*, que es una danza de combate que ejecutan los más diestros, armados de campilan y rodela, al son de sus instrumentos guerreros, ya con saltos de costado, simulando defensa, ya con otros al frente y grandes gritos figurando ataque.

Extremadamente supersticiosos, creen que el uso de ciertos talismanes los hace invulnerables en las batallas, y de aquí proviene la ceguedad conocida en los juramentados; también es general la creencia de que puede hacerse invisible el que en determinada época logra ver el cambio de piel en una culebra, y tienen por augurio mortal para sus Dattos la presencia de las nieblas que alcanzan a cubrir ciertas alturas que consideran sagradas. Estas costumbres y otras, tomadas sin duda de la raza indígena y fomentadas por sus sacerdotes, hace de aquel pueblo un centro deplorable de atraso, dificilísimo de reducir por nuestros misioneros.

Siguiendo los fundamentos de su religión, refieren el tiempo a la Hégira, y su año es el llamado Embolismal o de trece lunas, por las que cuentan.

Se sirven de la moneda en sus tráficos, usando indistintamente la española o la china, de la que emplean la llamada *Chapeca*, del tamaño de un ochavo, con un hueco cuadrado en el centro, por el que las ensartan, formando largos y pesados rosarios. Cada mil de estas monedas vale un peso. Según noticias fabricaban antiguamente otras de hierro, sumamente delgadas, que venían a valer la quinta parte de la chapeca, y posteriormente usaron las llamadas *Piring* y *Lacban*, de cobre, de las que las primeras valían tanto como la china, y las segundas próximamente el doble.

Como todos los pueblos influidos por el mahometismo, son muy desconfiados y suspicaces, y para el asunto más insignificante se pasan los días de Bichara con el solo objeto de procurar engañar a todo el que tiene algún trato con ellos; su número será de unos 200.000.

De la mezcla de los moros con los aborígenes, y de éstos con los indios Tagalos y Visayas y aún algunos elementos chinos, se han formado una infinidad de tribus de muy distintas condiciones, usos y costumbres, que se clasifican en la siguiente forma:

Manguangas. Habitan en una extensa porción de terreno, comprendido entre el río Aguzan y la provincia de Misamis, y desde la costa N. hasta las inmediaciones de la laguna de Buhayan; son holgazanes y muy aficionados al robo.

Negritos-mamanuas. Los negritos o mamanuas se subdividen en distintas tribus, cuyas costumbres y dialectos varían según las diferentes razas con que se han cruzado.

Habitan en la cordillera oriental entre Butuan y Surigao; en las inmediaciones del seno de Davao, en las orillas del Agusan, se encuentran algunas familias, y en mayor número en las cordilleras centrales de la isla.

De la mezcla con elementos malayos y mongoloides proviene el que tengan la mayoría color algo claro y el pelo lacio, en lo que se diferencian de los de su misma raza en el resto del Archipiélago.

Sumamente montaraces huyen de todo trato social, y cuando alguna vez los misioneros han conseguido que habitaran en las misiones o pueblos de conquistas, poco han tardado en abandonar el poblado, volviendo a su vida errante en lo más intrincado de los montes, donde siembran sus cosechas, e inmediatamente de hecha la recolección levantan campo, y hasta que las necesidades de cultivar lo exigen no vuelven a pernoctar en sitio determinado, dedicándose a su pasión favorita que es la caza.

Son muy sucios y el pelo se lo dejan crecer sin cortarlo jamás, así es que cuando las mujeres, efecto de la edad, se abandonan en lo que al cuido personal respecta, parecen verdaderas furias.

Las prendas de su uso consisten en un jabul corto que no les llega a las rodillas las mujeres, y taparrabos los hombres.

Sus armas son la flecha y el bolo; la primera, que manejan con rara habilidad, la emplean en la cacería, y emponzoñadas con substancias vegetales si las emplean en combatir a sus enemigos. El bolo es su herramienta universal: cortan árboles y bejucos para construir sus viviendas; cuando cazan, de él se valen para limpiar las pieles y trocear la carne y hasta en el cultivo lo emplean.

Manobos. Proceden de la mezcla del negrito y el malayo, conservando de los primeros su raquítica complexión. Son muy poco laboriosos, pero muy guerreros y aficionados al robo y la piratería. Habitan una gran parte del río Butuan, prolongándose por las márgenes del *Hijo* hasta el seno de Davao.

Los manobos se extienden por las márgenes del *Butuan*, donde son numerosos, llegando hasta las inmediaciones de Davao. De endeble constitución física y pequeños de cuerpo, parecen raza degradada arrinconada hacia el interior por mandayas y moros, gente más fuerte y guerrera que ellos, aunque nunca tan sanguinarios y hábiles en el manejo de las armas. Se aprovechan de su superioridad sobre los Tagacaolos, Bilanes y Bagobos para hacerles la guerra con el exclusivo objeto de aprehenderles sus mujeres e hijos, que luego venden a los moros.

Los manobos, a semejanza de los negritos, a que deben su origen al mezclarse éstos con los malayos, no dedican gran atención a las faenas agrícolas, pues éstas se reducen a desmontar el sitio que juzgan adecuado, y sin otra preparación hacen sus siembras, cogen las cosechas, y para otra buscan nueva sementera.

Cada grupo de varias familias elige su jefe, que siempre es el más ladrón y sanguinario, al que dan el nombre de *Bagani*.

El bagobo acomodado levanta su casa en sitio libre de inundaciones y sobre altos *arigues* o *pilotes*; el suelo lo forman con tiras de caña o de madera de coco flexible y resistente a la vez, y sobre éste con solo extender un petate encuentran cómodo lecho él y las mujeres que su fortuna le permite, cuyo número es ilimitado, por más que una sola es la legítima. Los hijos son todos reconocidos y viven en familia, pero a la muerte del padre tienen preferencia en la herencia los habidos con la mujer legítima.

El trabajo del campo está mirado como denigrante, por cuya razón éste lo hacen los esclavos. Cosechan arroz, tabaco, camote, maíz y algo de caña de azúcar.

En cuanto a religión, si bien ésta es en su esencia la misma de los demás monteses, su carácter feroz le ha impreso ciertas prácticas esenciales que entronizan el asesinato a virtud envidiable y el más glorioso hecho del manobo.

Mandayas. Es la tribu más noble y de carácter más pacífico aunque valientes entre los idólatras de Mindanao. Son de color claro, altos y robustos, distinguiéndose por el pelo, que se lo dejan crecer lo mismo que sus mujeres. Poco aficionado a la civilización, el Mandaya hace siempre vida errante, aunque les gusta el trato comercial con los cristianos.

Bagobos-Guiangas. Tribu la más feroz de Mindanao, y por su carácter cruel y sanguinario aseguran algunos escritores que son antropófagos.

Habitan por las cercanías del seno de Davao, por el Apo, corriéndose al E. hasta las orillas del Pulangui y hacia el S. al puesto de Maralag.

Tagacaolos y *Bilanes*. La continua guerra que sostienen con los moros les ha hecho en extremo valientes, pero la bondad de sus prácticas morales y lo afable de su trato demuestra serían susceptibles de una rápida civilización. Se encuentran por la vertiente S. del Apo, en los montes próximos a la costa SO. de las islas y en las islas Sarangani, situadas en la bahía de su nombre.

Subanos. Habitan toda la parte de Mindanao comprendida entre Misamis y Zamboanga, y a pesar de que su número se presume ascienda a 100.000 están dominados por los moros, que se sirven de ellos para las más rudas faenas.

Son de color bastante oscuro, lo que se observa en Zamboanga, donde hay algunas familias de éstos, componiendo una parte de la población cristiana de los barrios inmediatos a la capital.

Tirulayes. Habitan en los montes de la costa O. de la bahía Illana, inmediatos a Tamontaca. Son de complexión raquítica y de costumbres muy relajadas, cuidándose poco de la honestidad de sus mujeres e hijas.

La misión de la Compañía de Jesús, establecida en Tamontaca, ha formado un pueblecito con las familias de Tirulayes que convierte al cristianismo; pero a pesar de los esfuerzos de los padres que componen la misión, el progreso de la religión católica es entre ellos de tan negativos resultados, que la población de Tamontaca se mantiene estacionaria sin que adquiera el desarrollo que podría esperarse de su magnífico emplazamiento sobre uno de los brazos del Pulangui.

El último grupo lo consideramos formado por la población cristiana de indios que, al amparo del Ejército y dirigidos por las órdenes religiosas, han ido extendiéndose por el N. hasta formarse las dos ricas provincias de Misamis y Surigao. Los habitantes de Zamboanga, mezcla de moro tagalo y español, cuyo idioma hablan todos aunque de un modo imperfecto.

Y, por último, la población de indios que reside en todos los puntos militares, formada de deportados, presidiarios que han cumplido su condena y licenciados del Ejército, los cuales se dedican al comercio al menudeo de la localidad, para servir a las familias españolas, y en muy pequeño número a la agricultura, pues los hábitos de holganza y los vicios adquiridos anteriormente pueden más en ellos que el deseo de procurarse una posición desahogada.

División territorial

Por Reales Decretos de 26 de febrero y 5 de marzo de 1886, el Archipiélago sufrió una completa transformación en lo que respecta a la división de su territorio. En virtud de estas disposiciones, que suprimía el antiguo cargo de alcaldes mayores, se crearon los Gobiernos civiles con funciones político-administrativas y con una completa separación del poder judicial.

En lo que respecta a la isla de Mindanao, poca fue la variación sufrida, puesto que siguió regida por gobernadores político-militares auxiliados por personal letrado para la administración de justicia, y su división continuó en la misma forma, sin sufrir modificación alguna sus antiguos distritos en el orden siguiente:

Zamboanga. Residencia del Comandante general.

Misamis, Surigao, Davao, Cottabato y Basilan. Además existen las Comandancias militares de Dapitan, que forma parte del distrito de Misamis, y la de Bialig del de Davao.

Distrito de Zamboanga. La capital dista de Manila 561 millas.

Se extiende este distrito entre los 128° 4' 3'' longitud en la costa O. y los 128° 29' 30'' al E. en la costa O. de Sibuguey, y su latitud N. es 6° 50' 2'' (Zamboanga) 8° 5' 1'' (punta Murciélagos), y la de 7° 20' (punta de Flechas) a los 7° 35' 4'' en el seno de Sibuguey, estando limitado al N. por la punta de Maralag (Misamis), al E. por Cottabato, al S. la isla de Basilan y al O. con el mar de Mindanao.

Habitantes. El carácter del zamboangueño es una mezcla de las mejores cualidades revueltas con todos los vicios; generosos y valientes, son muy amantes de los españoles, habiéndonos ayudado siempre en todas nuestras empresas al S. del Archipiélago; pero al reverso de esto, viciosos y holgazanes, no encuentran mejor ocupación que la del juego; son pacíficos y muy temerosos de la justicia y amantes de la religión.

La capital del distrito es Zamboanga, con 15.000 habitantes, bonita población, admirablemente situada en la costa frente a las islas de Santa Cruz. La población da vista a la silanga que forma la isla de Jocol y la costa, formando un magnífico abrigo natural; sus costas son limpias y de fondo arenoso, pero sin seguridad alguna como fondeadero.

El caserío está magníficamente situado en una extensa llanura cubierta de hermosos cocales y cruzada en todas direcciones por arroyos y esteros de aguas cristalinas que, fructificando su término, la asemejan a espléndido jardín o sitio de recreo de nuestra risueña Andalucía.

Su caserío de tabla y techumbre de zinc, descuella de un modo pintoresco entre el exuberante follaje que la rodea, resultando un conjunto el más pintoresco y agradable que presenta población alguna del Archipiélago. Está cruzada de infinitos canales y esteros que, al par que hermosean la población y fertilizan sus terrenos, sirven de excelentes vías para dar salida a los productos de la hermosa vega que se extiende entre la población y los montes de Polombato. Tiene muy buenos edificios y dos magníficos puentes de piedra. Es la residencia de la autoridad superior del distrito de Mindanao. Las Zamboangueñas gozan justa fama de ser las mujeres más bonitas del Archipiélago.

Superficie. La del distrito es de 2.984.696 hectáreas, cuya inmensa mayoría se considera como forestal, puesto que, excepción hecha de la vega inmediata a la capital, donde sus habitantes siembran algún arroz, del resto de su territorio no se tiene noticia alguna concreta; sin embargo, el encontrarse los territorios de Sibuguey poblados por más de 90.000 habitantes, hacen suponer que haya grandes extensiones de terreno cultivado.

El clima es templado casi todo el año y de noviembre a enero se deja sentir algún frío; pero es tan saludable, que a su capital van a reponerse los numerosos enfermos que ocasiona el clima insalubre de la cercana isla de Joló en el elemento militar que la guarnece.

Habitantes. Los del distrito son unos 115.000 que se dividen en la siguiente forma.

Cristianos habitantes de Zamboanga y pueblos inmediatos	17.000
Moros	8.000

Subanos idólatras,

habitantes del
inexplorado territorio
de Sibuguey   90.000

Comercio e industria. En esta parte de Mindanao la industria es completamente nula y el comercio está reducido a la exportación de los riquísimos productos agrícolas de la hermosa vega que se extiende desde la lejana cordillera de Polombato hasta la capital, en cuya vega se encuentran enclavados todos los pueblos cristianos del distrito. El comercio, debido al carácter apático del zamboangueño, está completamente acaparado por los chinos, motivo por el cual aquel nunca saldrá de la postración en que se encuentra, puesto que los celestiales, en el momento que hacen un pequeño capital se vuelven a su país, y los que quedan superan al indio en viciosos y aficionados a la holgazanería.

Lo único de notable que respecto a industria hemos visto en Zamboanga es una fábrica de aserrar maderas que un laborioso español, sargento licenciado de aquel Ejército, explota con gran inteligencia y no escaso provecho.

En lo que respecta a colonización, conocedores prácticos de la isla de Mindanao, de su riqueza y condiciones, no titubeamos en asegurar que Zamboanga es el único punto de la isla que reúne todas las condiciones exigibles para servir de base de operaciones en un proyecto do colonización agrícola comercial de alguna importancia.

Sus habitantes, muy valerosos, son los más amantes de los españoles en todo el Archipiélago.

Su territorio es el más rico y feraz de cuantos hemos visto en Mindanao. Sus maderas las más preciosas, y su proximidad, o mejor dicho, vecindad al rico y poblado territorio de Sibuguey, ofrecen espléndida recompensa a los hombres laboriosos y emprendedores.

Misamis. Esta provincia, fundada en 1622, se encuentra al N. de Mindanao, confinando al N. y O. con el mar de Mindoro y Zamboanga, al E. con Surigao y al S., en el centro de la isla, con territorios de Zamboanga y Cottabato.

116

El clima es cálido y muy húmedo, pero con alteraciones muy notables, según la situación topográfica de cada localidad. En Mambulao muy cálido; es cálido, sano y muy ventilado por las continuas brisas del mar en Lubungan, Jasaan, Iligan; cálido y sano en Iponan, Aluvigid y Balinhasay. Sano y templado en Cagayan y Cataarman, y enfermizo en Sugay.

Comercio, industria y agricultura. Su principal industria consiste en la obtención del oro que en gran abundancia encuentran en las arenas de sus ríos y los inmensos terrenos de aluvión, que contienen en abundancia este rico metal. Su agricultura, bastante descuidada, va entrando en una época de desarrollo y bienestar, a que contribuye la bondad de sus producciones, que les hace ser muy apreciadas en los mercados del Archipiélago.

Extensión. La mayor longitud de esta provincia es de 41 kilómetros de N. a S. y 241 de E. a O. con una superficie total de 1.098.000 hectáreas, comprendida la isla de Camiguin y la Comandancia de Dapitan, adyacentes al distrito.

Habitantes. Los 236.000 habitantes, comprendidos los de Lanao, pueden clasificarse en la siguiente forma:

Cristianos	116.000
Moros	100.000
Tribus idólatras	20.000

Las rancherías de moros se extienden desde la costa de Iligan hasta las lagunas de Lanao, donde se comunican con los illanos.

A la isla de Cebú mandan grandes cantidades de azúcar y abacá con destino a las plazas extranjeras, y a Manila y otros puntos se remesa cacao, canela, cera y arroz, artículos cuyo comercio asciende en junto a cerca de un millón de pesos.

El carácter de sus habitantes es muy sumiso, siendo honrados y religiosos, valientes y robustos, cualidades que, unidas al odio que tienen a los moros, han contribuido grandemente a sostener y aumentar nuestra dominación a costa de los terrenos ocupados por aquéllos.

La *capital* del distrito es Cagayan, bonita población que cuenta con 6.000 habitantes. Los pueblos más importantes son:

Agusan	1.113
Aloran	3.080
Aluvijid	2.432
Balingasad	4.947
Cagayan	6.708
Cataarman	4.151
Dapitan	3.771
Dipolog	3.349
Gunigo-og	2.561
Guinsiliban	1.695
Gusa	983
Ilaya	1.472
Iligan	3.019
Inatao	1.245
Iponan	4.726
Jiménez	5.990
Laugonlong	1.618
Langaran	5.644
Loculan	4.411
Lubinigan	2.549
Maginog	4.183
Mambajao	9.142
María Cristina	214
Misamis	3.996
Molugan	1.170
Naanan	1.204
Oroquieta	7.432
Quinuguitan	1.415
Sagay	3.015
Salay	1.635

Salvador	3.264
Santa Ana	2.223
Tagaloan	5.806
Talisayan	2.392
Tasa-an	3.449
	116.024

Terreno. Muy montuoso, pero en la proximidad de las costas tiene grandes y fertilísimas llanuras, donde a parte de la riqueza que proporcionan sus terrenos auríferos, se cosechan en las mejores condiciones abacá, cacao, azúcar, arroz, maíz, canela, sibucao y una gran cantidad de aceite que extraen de sus magníficos cocales.

Distancias. Cagayan dista de Manila 431 millas, y los pueblos del distrito tienen entre sí las siguientes:

Misamis a Iligan	24 millas.
Idem a Dapitan	60 id.
Dapitan a Ibaya	12 id.
Idem a Taglimao	4,50 id.
Idem a Lanyuzan	27 id.
Cayajan a Jasaan (por tierra)	27,85 kilómetros.
Idem a Bahuganey	66,84 id.
Idem a Iponan	5,57 id.
Idem a Aluvijid	22,28 id.
Idem a Iligan	100,26 id.
Dipolog de Lubungan	6 id.
Iligan de Aluvijid	36 id.
Sugay de Cataaman	22,28 id.
Idem de Begenenigasay	33,42 id.

La producción forestal es rica por sus maderas de construcción, entre las que se cuenta el camogon, narra, molave y ébano, riqueza poco explotada.

Isla de Camiguin. Dependiente de Misamis y formando parte del distrito se encuentra la isla de Camiguin, que cuenta 12 millas de largo por ocho de ancho. Está formada por un monte central de 1.627 metros de altura sobre el nivel del mar, contando con una población de 20.611 habitantes, repartidos en varios pueblos como Catarman, Mambajao, Magmoc, Guingulmian, Eugay y otros. Esta isla es notable por el volcán de su nombre que apareció el 30 de abril de 1871 a unos 334 metros al SO. del pueblo de Catarman, y después que las llamas consumieron una gran extensión de bosque quedó reducida la acción volcánica a un pequeño cono de dos metros de altura que iba vertiendo lava hacia el mar, y ganando a la vez en altura y extensión; pero ha sido tal la actividad del cráter, que a los cuatro años de existencia tenía ya la altura de 427 metros sobre el nivel del mar, al cual había ganado media milla de extensión.

Hoy se encuentra muy bien cultivado y su puerto de «Camiguin» es el más concurrido y comercial de los dependientes de Mindanao.

Surigao. Hasta 1858 fue conocido este distrito con el nombre de *Caraga*, siendo sus habitantes los primeros del Archipiélago que se convirtieron a la religión cristiana.

Situación: límites. El distrito de Surigao está comprendido entre punta Divata al O. y punta Cauit al E. Al E. confina con Misamis, al N. con las islas Limasagua y *Leyte*, al NE. con el grupo de las islas Surigao, y al S., en el interior de la isla, con confines N. de Cottabato y Davao; formando parte de esta provincia se encuentra en la costa E. y entre punta Cauit y cabo de San Agustín, la Comandancia de Bislig, cuya descripción la haremos en capítulo aparte.

Extensión y superficie. La mayor longitud de esta provincia de N. a S. es de 124,25 kilómetros y 97,78 de E. a O. en su parte más ancha, pudiendo calcular su superficie, según datos oficiales, en 1.070.190 hectáreas, de las que unas 10.000 se destinan a la agricultura.

El clima. Es cálido y húmedo, debido a la gran cantidad de agua de sus abundantes lluvias, que quedando estancadas en los bosques cubren una inmensa extensión del territorio. Los pueblos de Cantilan, Dinagat y Cabuntug, aunque de temperatura calurosa, son ventilados y sanos.

Habitantes. Los de este distrito son unos 88.000, distribuidos en la forma siguiente:

Población cristiana	68.000
Idem mora	8.000
	12.000
Idólatras de la cuenca del *Butuan*	
	88.000

Los habitantes cristianos de Surigao son de carácter pacífico, sumisos, honrados y religiosos, pero poco aficionados a las faenas del campo.

El resto de la población reúne las condiciones que ya dejamos reseñadas al tratar de la población de Mindanao.

La capital del distrito es Surigao, con unos 6.000 habitantes, situada en el estrecho de su nombre.

Butuan, la población más bonita del distrito, situada en el seno de su nombre, con una espaciosa glorieta donde se erigió en 1872 un precioso monumento conmemorativo de la fecha y del lugar donde se celebró la primera misa al arribar los españoles al Archipiélago.

Su población es de 5.042 habitantes, y los demás pueblos del distrito son los siguientes:

Anaó-aon	1.087
Bacuag	842
Baganga	1.188
Bislig	840
Bumaran	579
Cabuntog	1.938
Cantilan	6.022

Caraga	2.829
Carrasca	1.908
Cateel	1.646
Dopá	2.254
Dapuan	273
Dinagat	2.328
Gigaquit	5.519
Ginatuan	2.485
Jabonga	1.650
Lanuza	2.189
Lianga	2.366
Maynit	1.968
Nonoc	661
Numancia	2.644
Oteyza	1.525
Placer	883
Quinablagan	536
San Juan	341
Sapao	1.533
Surigao	5.142
Taganaan	1.997
Tago	2.401
Talacogon	1.156
Tandag	2.432
Tubay	2.120
	67.760

Terreno. Muy montuoso y volcánico y con grandes llanuras incultas, muy apropiadas para cultivos en grande escala; se da admirablemente el trigo, palais o arroz, legumbres y raíces alimenticias; en sus laderas, próximas a la costa, se produce en buenas condiciones el café y el cacao.

Este distrito es muy rico en maderas; el camagón y la curiosa madera de hierro llamado *Maucono*, Molave, Narra, Bulayor y Ebano abundan en sus bosques, donde se recoge gran cantidad de Almáciga.

Las distancias entre algunos puntos del Archipiélago y los pueblos del distrito entre sí son las siguientes:

Surigao de Manila	461 millas.
Idem de Tubay	54 millas.
Idem de Bataan	72 millas.
Idem de Nasipit	72 millas.
Idem de Dinogot	15 millas.
Idem de Taganaan c. E. y NE	16'50 millas.
Idem de Plaser	15 millas.
Idem de Gigoquit	24 millas.
Idem de Taganeto	30 millas.
Idem de Panigmo	42 millas.
Idem de Cantilan	80 millas.
Idem de Tandag	75 millas.
Idem de Mainit	45 millas.
Dinagat de Cabuntog	51 millas.
Idem de Dapa	83 kilómetros.
Idem a Numancia	66'84 kilómetros.
Bamag a Gigaquit	5'57 kilómetros.
Cabuntog de Japao	18 millas.
Idem a Cabuntog	18 millas.
Idem a Bacuag	60 millas.
Idem a Talacogon	15 millas.

Comandancia de Bislig. (*Dependiente de Surigao.*) Esta Comandancia, que fue creada en 1858. pero con dependencia del distrito de Surigao, confina al N. con Surigao, al E. con el Pacífico y al SO. con Davao, en el cabo de San Agustín.

Extensión y superficie. Su extensión es de 167 kilómetros de N. a S.; 38 de E. a O. desde Bislig hasta las montañas que le separan de Davao y 55,70 en la parte más ancha del distrito.

La superficie se calcula en unas 441.291 hectáreas, de las que no llegan a 1.000 las que están en cultivo.

Clima. El clima es cálido y muy sano, sin que se sufran, debido a lo montañoso del terreno, las calenturas palúdicas tan temidas en las otras provincias.

El terreno, sumamente montañoso en el interior, desciende en suaves declives, formando en la proximidad de las costas fertilísimas llanuras que dan en abundancia toda clase de productos.

Montes. Son los más agrestes y accidentados de la isla y producen las maderas más apreciadas que de ella se exportan. Abundan también las maderas de construcción civil y naval.

El comercio e industria es muy escaso, estando reducido a la exportación de algún arroz, cera y miel que se encuentra en abundancia en sus bosques.

Las mujeres se dedican al tejido de telas de algodón y abacá de clase muy ordinaria y los hombres al lavado de los terrenos auríferos.

Agricultura. Este ramo de la riqueza está muy abandonado a causa de la poca afición que tienen los naturales a las faenas del campo, y a excepción de los de Tandug y Castel que se dedican a la agricultura, todos cifran sus afanes en el beneficio de los lavaderos de oro.

Ganado. La ganadería es casi nula en el distrito, donde solo existen unas 250 cabezas de caraballar y 25 a 30 vacuno y unos cuantos caballos.

Población. Los habitantes de los pueblos cristianos, obedientes, pero poco trabajadores, son unos 21.076 distribuidos en cuatro pueblos y algunas visitas; y la de infieles la constituyen unas 10.000 almas que forman infinidad de rancherías.

La capital es Bislig, con 840 habitantes; es la residencia del Comandante militar.

Distancias:

Bislig dista de Manila	619,00 millas.
Idem de Liangao	27,85 millas.
Liangao a Mariatas	13,90 millas.
Mariatas a Pitogo	11,58 millas.

Pitogo a Tandug	16,20 millas.
De Bislig a Tandug, último pueblo al N.	69,53 kilómetros.
Idem a Castel	32,47 millas.
Castel a Danaan	23,17 millas.
Danaan a *Caraga*	41,77 millas.
Bislig a *Caraga*	97,41 kilómetros.

Estos pueblos y rancherías se encuentran situados del siguiente modo: Bislig a la derecha del río de su nombre. Tandag en el fondo del recodo de la punta así llamada y todos en la costa del Pacífico.

Davao. *Situación y límites.* Este distrito, que constituye el cuarto de la división territorial de Mindanao, fue creado en el año 1848 por don José Oyanguren con la autorización del Gobernador general del Archipiélago don Narciso Clavería.

Está situado entre los 131° 14' 33'' longitud E. y los 5° 42' 2'' y 7° 15' latitud N.

Sus límites son: al E., el Pacífico y la punta Tancana; al O., la bahía o fondeadero de Glan y Cottabato; al S., el mar de Joló, y al N. le limita el volcán Apo y el distrito de Surigao.

Extensión y superficie. Desde punta *Bobon*, al S. de la ensenada de Mayao, hasta el cabo de San Agustín, mide unos 49 kilómetros, siguiendo por el seno de su nombre, y en el NO. del pueblo de Hijo 102 kilómetros, y desde este pueblo hasta la costa E. del distrito en punta Sarangani, 161,53 kilómetros. Su mayor anchura es de 55,70 kilómetros desde punta Gorda al interior.

La superficie es, según datos oficiales, de 1.044.333 hectáreas, de las que no llegan a 1.000 las cultivadas por la población cristiana.

El clima es sano y templado, muy agradable en las costas, donde las brisas del mar prestan una influencia benéfica, por más que es tal su salubridad que los europeos no sienten en aquella parte de Mindanao el maléfico influjo del paludismo, a pesar de las inmensas extensiones de bosques impenetrables que circundan a su capital.

En resumen; podemos asegurar, basados en los informes de distinguidos Médicos de la Armada, que en general el distrito de Davao tiene excelentes condiciones climatológicas y el europeo puede residir en él sin estar expuesto a los efectos de las funestas enfermedades que sufren en Joló y otros países inmediatos.[5]

Se deja sentir el frío de noviembre a marzo.

Habitantes. Los de este distrito son unos 18.800, clasificados del siguiente modo:

Peninsulares	20
Mestizos	10
Indios cristianos	1.470
Idólatras	17.300

Davao o Vergara es la capital, con unos 1.500 habitantes; está situada en el fondo del seno y a orillas del río de su nombre, residencia del Gobernador militar y del jefe de la estación naval. Hay una compañía disciplinaria y un destacamento del Ejército. A sus inmediaciones se cultiva, por la población cristiana, algún café, cacao, arroz y otros productos. El cacao que se exporta de Davao es muy apreciado en todo el Archipiélago.

La capital está situada en una grande y fértil llanura entre las montañas que hay al NO. y la playa, y al lado de un río cuyas aguas, en las grandes avenidas, inundan el pueblo; tiene inmediatos los barrios o visitas de Sigabug y al SE. la de Matjí, en Pujaga, costa del Pacífico.

Terreno. El de este distrito es muy montuoso, en particular la cordillera que se ve detrás de la línea de colinas inmediatas a la playa. La vegetación es asombrosa y se encuentran excelentes maderas de construcción como la Narra, Molave, Ipil, Bacaguan, Pagatpat, Guijo, Mangachapuy, Bancal, Palomaria y otras muchas.

También se recoge gran cantidad de miel, brea y almáciga.

---

5   Para más detalles véanse los magníficos trabajos que acerca de este distrito tiene publicados el señor Rajal. (N. del A.)

Industria. Hay alguna industria de destilación de alcoholes; las mujeres de los infieles tejen esterillas de abacá y dalmais de caprichosos dibujos, haciendo ellas mismas los tintes con que los colorean.

Distancia. La de la capital a Manila es de unas 720 millas, tardándose ordinariamente en recorrer esta distancia unos seis días en vapor y de quince a veinticinco en buque de vela.

Cottabato. La creación de este distrito data del año 1851, en que fue ocupado el puerto de Pollok, considerado como punto estratégico a la entrada del río Grande de Mindanao, que desemboca en la costa O. de la isla.

La conveniencia de ocuparlo de un modo estable obligó a constituirlo en distrito P.M., pero dependiendo del Gobierno de Zamboanga, en el año 54, hasta que posteriormente se le dio nueva organización, constituyendo el quinto distrito de Mindanao trasladando la capital a Cottabato, nombre que se dio al distrito.

Límites. Está limitado en la costa al E. por punta Flecha y al O. por punta Sugud en la bahía de Sarangani, en el interior por las cordilleras que le separan de Misamis y Surigao y por los terrenos pantanosos y lagunas que le separan de Davao.

Extensión y superficie. De punta Flechas hasta los estribos de Tucuran 51 kilómetros. De Tucuran por el interior a los montes de Bislig 272. Desde Bulaluan al S. hasta su límite N. 228 y 181 de Bucud al volcán *Apo*.

La superficie no se puede precisar con certeza, pero se calcula, según datos oficiales, en unas 2.829.379 hectáreas, de las que se cree estarán en cultivo, según la producción, unas 13.000.

El clima. Es bastante húmedo, y sin haber enfermedad alguna endémica que tenga carácter epidémico es enfermizo en ciertas épocas del año. En éstas se presentan fiebres palúdicas que a veces degeneran tomando carácter maligno.

Terreno. El terreno por lo general es fangoso y arcilloso a la orilla de los ríos y particularmente a las inmediaciones de Cottabato, que se encuentra casi todo ocupado por manglares. En los terrenos elevados es montuoso y feraz, produciendo abundantes cosechas de todo cuanto se siembra.

La producción forestal de este distrito es imposible fijarla con precisión por falta de reconocimientos y estudios que lo determinen; sin embargo, tenemos noticia de que existe la teca, molave, narra, yacol, ipil, dungon, mangachapuy, camagón y otras especies arbóreas.

Comercio. Si bien la población cristiana no hace otra clase de comercio que la venta al menudeo de las ropas, bebidas y comestibles para el consumo del elemento militar y civil, los chinos tienen, tanto en Pollok como en Cottabato, grandes comercios que les sirven como punto de partida para el importante tráfico que sostienen con los moros del interior. A cambio de telas, cabillas de hierro y opio, adquieren café, cacao y arroz, todo de calidad excelente que exportan a otras islas del Archipiélago.

Agricultura. Los frutos que dejamos mencionados, los cocos y demás para el consumo, se cultivan en su mayoría en el terreno ocupado por los moros, y solo una pequeña parte del arroz y cocos en las inmediaciones de los puntos militares. El arroz adquiere muy elevado precio a causa de su superior calidad, dándose el caso de que a medida que lo importa la Administración militar en grandes cantidades para el total consumo del soldado indígena, los chinos lo exportan mandándolo a su país muchas veces.

Habitantes. La población cristiana, aparte del elemento oficial, es muy poco numerosa, y ésta de costumbres sumamente relajadas, efecto sin duda de proceder de la deportación, que manda a estos puntos la escoria de la capital y las provincias inmediatas. El total de la población cristiana es de unos 3 a 4.000 habitantes.

Además existen los moros que ocupan las márgenes del río Grande, los tirulayes y otros, que suman cerca de 200.000.

La capital es Cottabato, con unos 2.000 habitantes; está situada cerca de la desembocadura, en la bahía Illana, de uno de los brazos del Palangui. Es residencia del Gobernador del distrito y de una numerosa colonia china.

Dista de Manila 676'50 millas; de Pollok, por tierra, 20 kilómetros y 4'61 de Tamontaca.

Los únicos pueblos cristianos del distrito son: Pollok, donde está situada una estación naval y un destacamento del Ejército. En Pollok hay un grandioso parque con magníficos jardines que recuerdan la importancia que llegó a tomar cuando era capital del distrito.

Tamontaca, sobre el otro brazo del Pulangui, pequeño pueblo formado al abrigo del convento que los jesuitas tienen establecido en aquel punto.

Hacia el interior y en las márgenes del río Grande, existen algunos puntos militares que ya dejamos señalados al tratar de este río.

Ganadería. Existen en Cottabato unas 10.500 cabezas; la mayor parte se encuentra en el territorio de los moros, por lo que no consideramos sean muy exactas las noticias oficiales que a continuación transcribimos:

Caballar	800
Vacuno	1.500
De cerda	3.250
Lanar y cabrío	218
Caraballar	4.732

Sexto distrito: Basilan. *La isla de Basilan*, que con la extremidad SO. de Mindanao forma el estrecho de su nombre, es la mayor y principal de este grupo.

Se halla situada entre los 127° 59' 30'' y 128° 44' 30'' de longitud E. y entre los 6° 25' a 7° 45' 1'' latitud N.

El establecimiento militar de la Isabela de Basilan se halla próximamente a media longitud del canal, en la embocadura del río Pasahan o de la Isabela. Al S. de él, y a corta distancia, tiene un fuerte, elevado 20 metros sobre el nivel del mar, que domina las dos entradas, y a su parte E. se halla el cuartel. Es también estación naval, en donde la marina militar tiene algunos pequeños talleres para sus más urgentes atenciones, y los depósitos de carbón se hallan enfrente del pueblo, sitio que es el más a propósito para fondear.

Aguada. Esta se encuentra no lejos del fuerte; antes del establecimiento de la Isabela solo se conocía la del río Gumalaran, en cuya barra se encuentra casi siempre un metro de agua a bajamar, teniendo cuidado con dos cabezos de roca que no descubren. El agua se hace en pequeñas cascadas a media milla hacia dentro.

Las islas principales de este grupo son unas 40, ocupadas por moros de los mismos usos y costumbres que los de Mindanao, siendo la superficie total de 68.320 hectáreas.

La Isabela, pueblo el más importante de la isla y la capital del distrito, está situada en un declive pedregoso, dominándola el fuerte llamado de Isabel II. Este consta de cuatro baluartes que ocupan los ángulos del rectángulo que lo forma. Está rodeado de foso y tiene cuatro edificios que están destinados para cuerpo de guardia, cuartel para el destacamento, presidio y calabozos, fuerza de artillería y casa Comandancia.

Los principales edificios de la colonia son:

Enfermería militar.
Escuela.
Casa Ayuntamiento.
Comandancia de Ingenieros.
Almacenes y demás dependencias de la Estación naval.
Cuartel de Infantería de Marina.
Hospital.
Polvorín.
Iglesia y convento de jesuitas.

Industria. La de este distrito se reduce a la venta de artículos para el consumo del Ejército y Marina y algunas telas que los chinos cambian a los moros por los productos agrícolas y algún balete y concha que se recoge en aquellos mares.

Agricultura. El terreno cultivado no pasa de 8 a 10 hectáreas, dedicadas al cultivo de caña dulce, arroz, café, cacao, maíz y algunas hortalizas.

Los principales artículos que el comercio importa son aceite, arroz, café, cacao, azúcar refinado, vino, garbanzos y otros artículos de Europa.

Situación del Ejército en Mindanao

Los complejos problemas que envuelve la ocupación y reducción total de la isla de Mindanao, no se resolverán ciertamente con honra y provecho de la Patria por el solo concurso de *tiempo, recursos y constancia*, como ha poco afirma un general de nuestro Ejército, en memoria que a dicha isla se refiere.

En la reducción de Mindanao, necesítase por parte de los encargados de asegurar su dominio, una gran dosis de desinteresado patriotismo, extraordinaria energía y conocimiento de aquellos ardides de la guerra, que aunque anticuados y relegados al olvido por el tecnicismo moderno, tan admirablemente se adaptan para combatir con ventaja a la clase de enemigo con que allí se lucha.

A esto debe agregarse un criterio independiente y libre de coacciones en cuanto se refiera a los problemas político-religiosos, que sin detrimento de la riqueza actual de aquel país, más que el esfuerzo de las armas determinarán una sumisión completa en los naturales adictos al mahometismo.

Si después de tres siglos de lucha, hoy, que por la superioridad del armamento contamos con ventaja para combatir al enemigo, empleásemos los dilatorios elementos de *tiempo* y *constancia*, sería delatar una impotencia que estaría muy lejos de representar los enérgicos latidos de patriotismo que hoy repercuten en todo pecho español, anhelando a toda costa el engrandecimiento nacional.

Y es lógico que no creamos en el resultado de tres factores enunciados con tanta vaguedad, en cuanto a su clase o cantidad se refiere.

Tiempo es, y no poco, los tres siglos ya transcurridos desde que por vez primera se derramara sangre española en demanda de la conquista de Mindanao.

Recursos cuantiosos, tanto en hombres como en dinero, van invertidos desde fechas remotas sin resultado positivo y *Constancia* bien probada fue siempre necesaria para mantener cruenta lucha con los piratas malayo-mahometanos que nos disputaban el territorio, agobiados como estábamos por los luctuosos contratiempos que en el exterior derrumbaban el poderío español, sosteniendo en estrecho bloqueo a nuestras provincias ultramarinas, aisladas y faltas así de todo recurso emanado de la metrópoli.

Por eso, ante el temor de nuevos entorpecimientos internacionales que ocurrir puedan, condenamos el dicho incierto y de vaguedad tan sospechosa como el lanzado a la opinión en la ya citada memoria:

Que *tiempo, recursos y constancia* van derrochados en Mindanao, y solo cuando un destello de patriotismo, ayudado de valor a toda prueba, aunque haya sido con falta de recursos, se han conseguido allí ventajas positivas. Escasos eran los recursos de Corcuera, escasísimos los de Ferrater y Méndez Núñez en Pangalungan, y exiguos ante la magnitud de la empresa los empleados por San Feliú por orden de Seriñá para la destrucción de Talayan, terror de nuestras expediciones en el río Grande, y en todos estos casos el éxito más completo coronó el esfuerzo de aquellos héroes, que antes que de sus propios intereses y de propagar prestigios aún no conquistados se ocuparon solo de enaltecer y rendir un justo tributo al nombre venerado de la Patria.

Enorme sería la responsabilidad de los hombres de gobierno si dejando al tiempo la obra de reducir a Mindanao, quedase ésta incompleta por los obstáculos que pudieran originar trastornos imprevistos de nuestra política exterior.

En todo lo que a Filipinas se refiere, debe obrarse con rapidez y energía, poniendo aquel Ejército en condiciones de que el nombre español sea respetado en las sangrientas luchas llamadas a derrumbar la rutinaria civilización de aquellos pueblos, nuestros vecinos en el extremo Oriente, pues si bien es verdad que dadas las condiciones especiales del natural de aquel país y su numerosa población, no sería obra difícil reunir crecido número de soldados cuando las circunstancias lo exigiesen, no es menos cierto que allí se carece en absoluto de armamento y de personal directivo, cosas ambas que no se pueden improvisar, y mucho menos teniendo en cuenta la rapidez con que hoy se ejecutan las operaciones de guerra y la enorme distancia que separa a las Filipinas de la Península.

En las actuales operaciones, como en otras anteriores, se dará el caso de que numeroso Cuerpo de Ejército, regido por un *teniente general*, no cuente con jefe alguno de la categoría marcada para el mando de sus divisiones.

En cuanto al personal de jefes y oficiales, se encuentra en idénticas circunstancias, puesto que no solo es insuficiente para atender a la formación de nuevas unidades orgánicas, si así lo exigieran las necesidades y seguridad de la colonia, sino que las bajas ocurridas en campaña difícilmente pueden cubrirse, y eso dejando desatendidos otros servicios, que aunque secundarios no son menos importantes.

Si esta *economía* en el personal del Ejército estuviese justificada por estrecheces del Tesoro filipino que restringiesen también el aumento de personal en otros servicios, no seríamos nosotros ciertamente los que clamásemos pidiendo el racional aumento que reclama el Ejército en aquel Archipiélago si ha de garantir la seguridad del territorio; pero ni aquel Tesoro demanda economías, tan injustificadas como peligrosas pueden ser en momento dado, ni en otros ramos de la Administración se paran en ninguna clase de consideraciones para aumentar el alto personal directivo.

Y si los compromisos y exigencias de la política de baja esfera que hoy predomina en nuestro país, encontraron en el Archipiélago filipino ancho campo donde cebar su apetito por medio de empleos perfectamente inútiles en un territorio aún no dominado, en las esferas gubernamentales debe procurarse dotar a aquel Ejército del número de generales, jefes y oficiales que fueren necesarios para la movilización de fuerzas capaces de hacer frente a las eventualidades que en el exterior pueden presentarse, y que en el interior terminen de una vez la unidad de dominio, con tanta gloria allí iniciada por nuestros antepasados.

La situación de las fuerzas que hoy guarnecen y operan en los territorios de Mindanao, es la que se expresa en el Mapa adjunto, salvo los nuevos campamentos establecidos para atender a las necesidades de la actual campaña.

De la «Memoria de Mindanao» escrita por el general de brigada don Julián González Parrado, extractamos los datos consiguientes a las condiciones locales y guarnición de cada destacamento, rancherías moras a ellos inmediatas, número de sus habitantes, armamento de que disponen y todos aquellos cuyo conocimiento pueda ser de interés en el transcurso de las operaciones emprendidas.

Primer distrito. En la memoria de referencia se relacionan 46 rancherías enclavadas en el territorio de este distrito, asignándoles en total una población de 6.271 personas.

Desde luego puede asegurarse que en estos datos se padece error de mucho bulto.

Al establecerse la trocha de Tucuran, se perseguía como objetivo principal el *impedir que los moros de Lanao sacasen elementos de resistencia del rico y poblado territorio de Sibuguey*, y fácilmente se comprenderá que no puede considerarse como país bien poblado y susceptible de suministrar a otro medio de resistencia, el que teniendo más de 12.000 kilómetros cuadrados de extensión, no cuenta con otros pobladores que los 6.271 ya mencionados.

Destacamentos. *San Ramón*. Se estableció para custodiar la colonia agrícola del mismo nombre: consta de un oficial y doce individuos de tropa. La colonia está dirigida por un capitán. El terreno es feraz, dando con profusión los más ricos productos del país. Como toda la extensa porción comprendida entre el Polombato y el mar, disfruta de clima benigno y saludable. En sus inmediaciones hay una pequeña ranchería de moros.

Santa María. En el puerto del mismo nombre; el fuerte se encuentra situado en la cima de un monte, estando constituido por una estacada rectangular y dos torres de mampostería. En el interior del recinto se encuentra el cuartel, que es de dos pisos, construido de madera y techumbre de zinc. La playa está defendida por un blokaus, en el que dan guardia un cabo y seis soldados. La guarnición total del destacamento es de un oficial y treinta y cuatro individuos de tropa. En sus inmediaciones habitan algunos moros pacíficos que han prestado sumisión.

Margo-sa-tubig. En la costa oriental del puerto Dumanquilas, en una buena ensenada formada por la isla Igat y la costa de Mindanao.

El fuerte está a media ladera de una colina poco elevada; está compuesto de un recinto cuadrado, formado por muros de piedra seca en unas caras y empalizada en las otras.

Dentro de éste se encuentran los alojamientos de tropa, pabellones de oficiales y almacenes, todo de materiales ligeros.

La aguada se hace en el mismo recinto, surtiéndose de un claro y limpio arroyo que lo atraviesa.

La guarnición la constituyen dos oficiales y sesenta individuos de tropa.

En opinión del general Parrado, todas estas instalaciones de materiales ligeros debieran substituirse por edificios de sólida construcción y en buenas condiciones de defensa. Para realizar esto recomienda el proyecto formulado en 1892 por el comandante de Ingenieros don Fernando Recacho.

Mientras esta reforma no se haga, nuestras tropas prestarán penosísimo servicio de vigilancia, que nunca será suficiente para ponerlas a cubierto de las celadas de aquel astuto enemigo. Estas construcciones de materiales ligeros son muy fáciles de incendiar, y tanto en el N. de Luzón como en el

S. de Mindanao, donde los naturales manejan admirablemente la flecha, las fuerzas que habiten esta clase de viviendas estarán expuestas a sangrientas sorpresas, inevitables en la confusión que produce un incendio durante la noche.

Segundo distrito. En el territorio de este distrito, teatro de las actuales operaciones, es donde hoy se halla reconcentrado el poderío mahometano de Mindanao; cuentan con más de 200 pueblos repartidos en las márgenes de la laguna de Lanao y en las orillas de los ríos Tarana, Laput, Daghsan, Agus y otros menos importantes.

Para atender a las necesidades del Ejército se creó en este distrito la Comandancia militar de Mumungan, que se halla comprendida en el territorio que media entre Iligan y la laguna.

El fuerte Veyler, en Mumungan, está situado a unos 16 kilómetros de Iligan, sobre la elevada meseta que separa la laguna de la costa y en la orilla derecha del Agus, río profundo y caudaloso que tiene en aquel punto más de 100 metros de anchura.

El primitivo fuerte ha sido ampliado a fin de formar en el interior de su recinto un amplio campamento que sirva de base en las futuras operaciones. Hoy consta de un gran recinto defendido por una sólida estacada de 4 metros de altura con banqueta de 1'20 de ancho, excepción de unos 60 metros que tienen de 2'50, con objeto de utilizar la parte inferior para Caballerizas. Esta banqueta está a 2'80 metros del suelo, teniendo varias escaleras para ascender a ella. Adosada a la estacada hay una torre de dos pisos con cubierta de zinc.

En el interior del recinto existen: tres edificios de tabla con cubierta de zinc, capaces para 160 hombres, oficiales, enfermería y almacenes.

Un camarín de materiales ligeros de 56 metros de largo por 10 de ancho y 4 de altura.

Otro paralelo al anterior y de iguales dimensiones y construcción. Entre los dos anteriores, y dejando entre cada uno un pasadizo de 3 metros de ancho, hay otro de 30 de largo y 10 de ancho.

Los dos primeros, tienen cada uno dos dormitorios con camastros de caña, perchas y armeros, capaces para 200 hombres cada dormitorio. El camarín pequeño sirve para almacén de maderas y taller de aserrado.

Otro edificio de 8 x 10 con ocho mesas y un diván corrido, que sirve de comedor.

El edificio destinado a la Comandancia Militar, construido de caña y nipa.

Caballeriza con cubierta de zinc capaz para treinta plazas y las cocinas, hornos y demás dependencias.

En el exterior del recinto hay baños para oficiales y tropa, lavaderos y letrinas; todo sobre el río Agus.

Un pozo de agua potable, corral para ganado, cerca para acotar una huerta y otra más extensa para el terreno destinado a pastos del ganado.

Las fuerzas de guarnición en este punto, son en tiempo normal:

Un comandante jefe de la demarcación.

Un capitán, seis subalternos y 321 individuos de tropa de infantería.

Un teniente, un cabo y diecisiete artilleros.

Un capitán, un teniente y 112 individuos de tropa de Ingenieros.

Un oficial y treinta individuos de tropa de caballería, y

Un capitán, dos subalternos, quince individuos de tropa y 143 confinados del batallón disciplinario.

Numerosas rancherías inmediatas a este emplazamiento militar han prestado sumisión, según consta en la memoria de que tomamos los anteriores datos; pero los sangrientos sucesos últimamente desarrollados en sus cercanías, son prueba evidente del poco valor que estas gentes dan a sus compromisos, los que solo cumplen cuando puede convenir a sus intereses.

Iligan. Antiguo pueblo cristiano: tiene un fuerte antiquísimo de piedra que encierra un cuartel de materiales ligeros; en sus inmediaciones hay una buena enfermería, donde vienen a parar los enfermos y heridos del camino militar de la laguna.

El fuerte está guarnecido por un oficial y treinta soldados del tercio civil del distrito.

Almonte. En la bahía de Iligan, próximo a la entrada del seno de Panguil, en la meseta de una estrecha lengua de tierra formada por el río Liangan y el mar.

El recinto lo forma un muro rectangular de mampostería de 25 x 30 metros y uno de espesor; foso a 10 metros del parapeto y una doble estacada. En los ángulos E. y O. del parapeto tiene dos baterías a barbeta y en los N.

y S. dos torres de flanqueo, que al mismo tiempo sirven de pabellones para oficiales.

En el recinto interior hay dos edificios de madera con cubierta de zinc, destinados a cuartel de tropa, enfermería y otras dependencias.

Está guarnecido por un capitán, un oficial y cincuenta y ocho individuos de tropa de infantería, ocho artilleros peninsulares y un oficial y veinte disciplinarios.

Las rancherías moras de las inmediaciones han prestado sumisión, habiéndose mantenido en paz durante el curso de las operaciones emprendidas.

Tangok. En el seno de Panguil, muy próximo a Misamis, con quien tiene comunicación terrestre. El fuerte, que se compone de una estacada y dos torres en muy mal estado, está guarnecido por un oficial y veinte individuos de tropa de infantería.

Balatacan. En las orillas del seno de Panguil, se encuentra en el mismo caso que el anterior y guarnecido por idénticas fuerzas.

Lintogud. De este punto arranca la importantísima vía militar, llamada trocha de Tucuran, que uniendo las contracostas de la isla solo alcanza un desarrollo de 28 kilómetros. Lintogud se halla emplazado en las márgenes del río del mismo nombre, a unos cinco kilómetros de su desagüe en el seno de Panguil; está constituido por un recinto formado con maderas rollizos que resguarda al cuartel de materiales ligeros que sirve de alojamiento para oficiales y tropa.

El Sultán de *Bolinson* ha establecido su ranchería cerca del fuerte y se halla en las mejores relaciones con nosotros.

La guarnición está compuesta por un oficial y cincuenta individuos de tropa.

Lubig. Está situado en el centro de la trocha, en admirables condiciones topográficas para dominar a ésta en una y otra dirección.

La guarnición la compone un oficial y cuarenta hombres, alojados en un mal cuartel de materiales ligeros que se halla defendido por una estacada y dos torretas, formadas una y otras de troncos rollizos.

Tucuran. En el extremo S. de la trocha, en la ensenada de Pagadian y sobre el río del mismo nombre. El cuartel se halla situado a media ladera de una colina inmediata a la playa, formado de materiales ligeros y defendido por una estacada. La playa está defendida por un blokaus, al que guarnecen un cabo y seis soldados, y la aguada por otro, que guardan un cabo y ocho soldados.

En las inmediaciones del cuartel se encuentra una edificación de madera con cubierta de zinc y tabique pampango que sirve de enfermería, a la que guarnecen un cabo y cuatro soldados. En la meseta de la colina hay un mal llamado fuerte, compuesto de una estacada con dos torretas, y un alojamiento con techo de zinc, guarnecido por un sargento, un cabo y ocho soldados, siendo de notar que para atender a esta serie de recintos independientes, separados por distancias considerables, existe solo un destacamento de 60 hombres.

Este abandono se agrava por la circunstancia de tener en sus inmediaciones numerosa población mahometana que cuenta con 1.000 hombres de guerra, dos cañones, cincuenta y cuatro lantacas y 162 fusiles, mas sus armas blancas, de que ninguno carece.

Comandancia militar de Dapitán. Comprende la porción de costa entre Zamboanga y Misarais, estando a cargo de un capitán de Ejército; de ella depende el destacamento de *Sindangan*, en la bahía del mismo nombre; el fuerte lo forma una estacada cuadrangular con garitones en los ángulos, que defiende un cuartel de materiales ligeros; está guarnecido por un oficial y treinta y dos individuos de tropa. Esta fuerza debiera ser del tercio civil.

Comandancia militar de la Bahía Illana. Está enclavada en territorio del 1.º y 5.º distritos, comprendiendo desde Punta Flechas hasta el río Nituan. *Parang-Parang*, emplazamiento militar importantísimo que se halla situado en el gran puerto de Pollok, sobre una pequeña colina que ocupa posición admirablemente ventajosa. Al abrigo de los fuertes se va formando un pequeño poblado, llamado a adquirir gran desarrollo; las defensas y construcciones militares las constituyen: en la orilla del mar un fortín de mampostería que protege el muelle, y un almacén de madera y techo de zinc. En el pueblo el cuartel de Infantería y pabellones de oficiales, de madera y techo de zinc; a la salida, hacia el interior, se encuentra el fuerte de María Cristina, de mampostería, con buenos alojamientos; un magnífico hospital de madera y zinc y algunos barracones de materiales ligeros para albergue de tropas. La guarnición está compuesta de unos 500 hombres de infantería; un oficial y doce individuos de tropa de artillería; una compañía de ingenieros y otra disciplinaria. La Comandancia militar está desempeñada por el teniente coronel jefe del regimiento que da la guarnición.

Las rancherías moras inmediatas son numerosas y fuertes y de las más aguerridas de Mindanao. Se les calculan más de 2.500 hombres de guerra, dos cañones, veintinueve lantacas y 117 fusiles e infinidad de armas blancas.

Malabang. Próximo a Parang-Parang, a quien se une por un regular camino, situado en una mala rada que no proporciona abrigo alguno a los barcos. El fuerte está emplazado en la misma playa, en la desembocadura de un estero que rodea tres de sus lados. Consta de una doble empalizada que cierra un extenso recinto, donde se encuentran todas las dependencias de la guarnición, construidos de tabla y techo de zinc. Las rancherías inmediatas son numerosas y tienen más de 3.500 hombres de armas, un cañón, 342 lantacas, 265 fusiles e infinidad de armas blancas. La guarnición se compone de un capitán, tres subalternos y 200 hombres de infantería y diez artilleros para el servicio de dos piezas de bronce, que dominando el estero se encuentran emplazadas en la empalizada exterior.

Malabang. Es punto importantísimo para cuantas operaciones se emprendan sobre la laguna, con la que se comunica directamente por un camino que tiene cerca de 50 kilómetros de desarrollo, terminando en la ranchería de Ganasi. A corta distancia del actual emplazamiento, existen aún las ruinas del fuerte de la Sabanilla, construido en 1639, emplazamiento que bien pudiera servir para construir un fuerte definitivo aprovechando los cimientos y los materiales allí acumulados por nuestros antepasados.

Baras. Está situado este destacamento en la misma bahía Illana y a unos 10 kilómetros del anterior; también se comunica con la laguna por un camino áspero y pedregoso, pero de menos trayecto que el anterior; es el principal mercado que tienen los moros en la bahía Illana; esto le da singular importancia como punto de ocupación. Su guarnición actual es de un capitán, tres subalternos y 200 hombres de infantería y diez artilleros para el servicio de dos piezas. Tanto este punto como Malabang son los que están más expuestos a los ataques de los moros, por cuyo motivo deben ser renovadas sus actuales defensas por otras más estables y sólidas que pongan a la guarnición a cubierto de cualquier golpe de mano.

Las rancherías inmediatas cuentan con cerca de 2.000 hombres de armas, cuatro cañones, diecinueve lantacas, veintitrés fusiles y las armas blancas, que poseen en gran número.

Comandancia militar de Buluan. Está enclavada en el *tercer distrito*: el objeto de esta Comandancia, que desempeña un teniente de Ejército, es la inspección de los puestos que en el curso del río del mismo nombre tiene establecidos el tercio civil de Surigao. La reducción de los habitantes de esta región se hace de un modo pacífico, sin tener que recurrir al empleo de las armas.

Cuarto distrito. La demarcación de la capital, que es Davao, comprende una numerosa población de infieles aún no sometidos y unos 5.000 moros pacíficos repartidos en treinta rancherías.

Comandancia militar de Matti. Comprende el extenso territorio de la bahía de Pujaga, no teniendo otro destacamento militar que el poblado del mismo nombre, residencia del Comandante militar, al que guarnece fuerza del tercio civil.

Comandancia militar de Sarangani. Comprende la bahía e islas del mismo nombre, teniendo bajo su jurisdicción los siguientes puestos militares:

Glan. En la ensenada de su nombre, lo constituye un cuartel de materiales ligeros, defendido por una estacada: está guarnecido por un capitán, comandante militar, un oficial y cuarenta y cinco individuos de tropa; las rancherías de moros inmediatas se han sometido.

Makra. En el fondo de la bahía de Sarangani; el destacamento, que lo componen un oficial y treinta y dos individuos de tropa, se alberga en un cuartel de materiales del país, defendido por doble estacada.

Balut. En la isla del mismo nombre, como el anterior; el destacamento, que lo forman un oficial y veinte individuos de tropa, se aloja en un mal cuartel.

Tumanao. Establecido en la isla de su nombre, está a cargo de un sargento y quince soldados, que se alojan en forma idéntica que las guarniciones de Balut y Makra.

Estos tres destacamentos, que más que para imponerse a los habitantes del país, se hallan establecidos para cumplir los preceptos del tratado de

Berlín, que obliga a ocupar para poseer, debían estar guarnecidos con personal del tercio civil, dando preferencia a los individuos casados, a fin de que por este medio, y facilitándoles elementos para el cultivo de los campos, se formaran poblados de alguna importancia, tan necesarios y útiles en aquellos vírgenes territorios.

Quinto distrito. La circunstancia de comprender este distrito la extensa cuenca del río Pulangui, centro hasta hace poco y objetivo de nuestras operaciones en Mindanao, hace su estudio de sumo interés. En la memoria del señor Parrado se le calcula a este distrito una población mahometana de 44.316 almas; pero como a continuación se hace subir a 10.374 el número de los hombres de guerra disponible, se evidencia el error padecido al computar la población mahometana, que no bajará ciertamente de 80.000 almas cuando menos.

Cottabato. Es la cabecera del distrito; está emplazada sobre el brazo N. del Pulangui, a 3 millas de su desembocadura y a la falda de una elevada colina, que ocupa admirable posición estratégica. El cuartel de tropa es un mal camarín de materiales ligeros, pero tiene un magnífico hospital, antiguo cuartel de Ingenieros, y los oficiales encuentran cómodas viviendas en la población. La guarnición actual es de un capitán, dos subalternos y 100 individuos de tropa de infantería y un oficial y doce artilleros.

Libungan. En la orilla derecha del brazo N. y en la desembocadura del estero de los caimanes, a 10 millas de Cottabato. El fuerte, que está defendido por una estacada, es muy reducido; su construcción, de mampostería y madera con aspilleras. Lo guarnecen un sargento, dos cabos y diez soldados.

Tamontaca. En la orilla derecha del brazo S. y a seis millas de la desembocadura; está formado por un recinto amurallado, defendido por tambores de flanqueo, que tiene 30 metros de lado; en su interior está el cuartel, pabellón de oficial y demás dependencias. Está guarnecido por un oficial y veinte individuos de tropa.

Las rancherías moras inmediatas a estos fuertes no son muy importantes y en apariencia están sometidas.

Taviran. En la orilla izquierda del brazo S., en la confluencia con el estero de Talayan y a 6 millas del vértice del delta. El fuerte lo constituye un reducto cerrado con revestimiento de piedra, terminado por un muro de 1'30 metros sobre la banqueta, flanqueado por tambores; en el recinto se levanta un magnífico cuartel, espacioso y construido en admirables condiciones de defensa. La guarnición es de un oficial y veintidós hombres de tropa.

Inmediatas a Taviran hay numerosas y fuertes rancherías de moros, todas adictas, distinguiéndose entre ellas las del Datto Ayuna, que en la campaña del 86-87 prestó muy buenos servicios, concurriendo con toda su gente a la campaña, donde sufrió sensibles pérdidas.

Tumbao. En el vértice del delta; su posición es admirablemente estratégica; un parapeto de tierra, defendido por ancho foso, constituyen el recinto donde se emplaza el cuartel, que es de mampostería y entramado, capaz para un oficial y sesenta hombres que constituyen su guarnición actual.

La fuerza de artillería se aloja en una torreta de mampostería independiente del cuartel.

Kudaranga. En la orilla derecha y frente a la confluencia del estero de Bacat. Está formado por una torre de tres pisos de mampostería y entramado de forma poligonal; unido al lado mayor hay un patio para cocinas y otras dependencias, defendido por muralla de mampostería con aspilleras. Su guarnición es de un oficial y veinte soldados.

Reina Regente. A unos 600 metros de la orilla derecha del río se halla establecido un fuerte provisional que encierra y defiende el cuartel, almacenes y demás dependencias, todo ello construido con materiales ligeros; es la residencia del comandante militar de aquella zona, estando guarnecido por el comandante militar de la clase de capitán, dos oficiales y 100 hombres de infantería y diez de artillería.

Pikit. A la orilla derecha del río y a 34 millas de Reina Regente, se encuentra este fuerte, al que pocas veces pueden llegar los cañoneros. El recinto es amurallado, con 38 metros de lado, construido de mampostería y flanqueado por torretas de planta baja en dos diagonales y dos baterías en las otras dos. Dentro del recinto hay un cuartel de dos pisos, de entramado de madera y cubierta metálica, enfermería de tabique pampango y cubierta de zinc. Comandancia, cuartel para los artilleros, factoría, de entramado de madera y nipa, y polvorín de mampostería y cubierta blindada. Está guarnecido por un oficial y sesenta individuos de tropa de infantería y seis de artillería.

Para asegurar la ocupación y dominio de esta importantísima comarca, se tiene en estudio el establecimiento de un fuerte 46 millas más arriba de *Pikit*, en el límite de influencia de la raza malaya mahometana en Mindanao, y donde principia la población montesa de Misamis. Este fuerte deberá ser guarnecido por un oficial y sesenta soldados de infantería y seis artilleros.

En la costa se encuentran los destacamentos siguientes:

Pollok. Está guarnecido por un sargento, un cabo y diez soldados.

Panay. En las alturas que cierran el puerto de Pollok; su guarnición es igual a la del anterior.

Lebak. En el puerto del mismo nombre; el cuartel, que se halla situado dentro de un reducto con parapeto de piedra defendido por foso y tambores en los ángulos de la cara anterior y un rediente en la posterior, es de tabique pampango con cubierta de zinc.

Los elementos de combate de que disponen los moros del quinto distrito se calculan en unos 10.000 hombres de guerra, veintiséis cañones, 1.452 lantacas y 1.600 fusiles, mas las armas blancas.

Sexto distrito. La isla de Basilan, que lo compone, no tiene más población cristiana que la Isabela, donde además de la fuerza de la división naval del Sur, hay un destacamento de dos oficiales y cincuenta individuos de tropa de infantería, que guarnecen un magnífico fuerte, ya descripto al hablar del distrito.

La población mora de esta isla está distribuida en unas cincuenta rancherías, algunas de ellas bastante fuertes y aguerridas, que reúnen más de 4.380 hombres de armas, por cuya circunstancia no debe por ahora intentarse acción alguna sobre Basilan, a fin de evitar nuevas complicaciones en los asuntos de Mindanao; pero su reducción es ineludible y necesaria, como etapa final en la conquista de Mindanao.

Fácil nos será deducir de los anteriores datos las dos siguientes conclusiones, una de interés local y otra generalizada a todo el Ejército y que ambas revisten importancia suma. En primer lugar se demuestra de un modo irrefutable el abandono en que se tiene el emplazamiento de algunos importantes destacamentos, en los que no se cuenta con obras de defensa que garanticen la seguridad de las tropas, careciendo en absoluto de alojamientos y dejando en el mayor abandono cuantos trabajos se refieren a la salubridad de estos mismos emplazamientos, donde insignificantes obras de drenaje e inteligente dirección en el relleno y desecación de manglares, evitarían una gran parte de esas infecciosas calenturas palúdicas que causan en las filas del Ejército mayores estragos que la fiera morisma con que allí combate.

En cuanto a la más importante de estas conclusiones, la que se refiere al núcleo total de fuerzas que constituyen aquel Ejército, exige la siguiente comparación. La extensión total del Archipiélago excede de 300.000 kilómetros cuadrados; la población se aproxima a 8.000.000 y el fraccionamiento del territorio en infinito número de islas exige crecidas fuerzas de mar y tierra que garanticen su posesión y mantengan en el interior la tranquilidad pública; y se comprenderá fácilmente que esto es difícil conseguir con los 11.000 hombres que en Filipinas constituyen el elemento armado, si tenemos en cuenta que la isla de Mindanao necesita durante largo tiempo una guarnición de 4.000 hombres de Ejército cuando menos. Si a esta suma agregamos los refuerzos necesarios en las operaciones emprendidas, que no han de bajar de 3.000 hombres, quedarán plenamente justificados los recelos abrigados por nosotros de que el Ejército filipino resulte insuficiente para garantir en tan lejanas latitudes los sagrados intereses encomendados a su custodia.

De antiguo venimos demostrando especial solicitud por cuanto afecta a nuestros intereses en la Oceanía, y nadie por tanto podrá tacharnos de interesados si recordamos con insistencia a los poderes públicos la imperiosa necesidad de que el Ejército filipino sea considerablemente reforzado en plazo perentorio.

Y no faltan, hoy, por cierto, razones poderosas que abonen sobradamente nuestra campaña. El rápido florecimiento del Imperio japonés, tan próximo a aquel Archipiélago: la indudable preponderancia que sus victorias sobre la China han de proporcionarle en los mares del extremo oriente y su poderosa actividad comercial, son un peligro evidente para nuestra influencia y soberanía en tan remotas comarcas, para conjurar el cual debemos estar prevenidos.

Los Gobiernos españoles han de poner interés preferentísimo en alejar tales riesgos, y solo de ese modo evitarán unos de esos movimientos de la opinión que una vez iniciados arrastran la voluntad y la acción de los poderes públicos. Estos deben tener muy presente que la isla de Formosa, que geográficamente constituye el extremo N. del Archipiélago filipino, será ocupada en breve plazo por los japoneses, quienes poseerán entonces una parte de nuestra antigua *Hacienda*, cuya ocupación efectiva para España se realizó el año 1626, y ya no serán, desde que tal logren, vecinos lejanos, de los cuales solo pueda temerse remoto peligro, sino celosos vigilantes de tradición conquistadora que, arma al brazo, esperarán ocasión propicia para continuar en su empresa.

Al hablar como hablamos no nos guía interés egoísta alguno; sentimos zozobras para lo porvenir, motivadas por los alardes de fuerza y expansión de aquel Imperio, y queremos que la nación española esté, cual nosotros estamos, en guardia y sobre aviso.

Así, pues, si bien es verdad que el Ejército filipino, tal y como hoy está constituido, sería bastante para hacer frente a las eventualidades que puedan presentarse en Mindanao, no es menos cierto que para realizar esto sería necesario dejar desguarnecidas las más importantes plazas del Archipiélago y sin garantías la seguridad pública, cosas ambas que no sería de cuerdos el fiar al azar en las presentes circunstancias.

En tal sentido y en el del mejoramiento del Ejército de aquel Archipiélago, encaminamos hoy nuestro humilde esfuerzo, seguros de que al hacerlo así pagamos merecido tributo a la justicia y a la razón, a la vez que cumplimos un altísimo deber para con la Patria, anhelando que en día no lejano el himno nacional repercuta unísono desde el vigilante promontorio de Punta de Europa a las lejanas provincias de Oceanía, donde hoy nuestros hermanos derraman su sangre generosa para sostener en todo su esplendor el prestigio de las armas españolas.

Libros a la carta

A la carta es un servicio especializado para
empresas,
librerías,
bibliotecas,
editoriales
y centros de enseñanza;
y permite confeccionar libros que, por su formato y concepción, sirven a los propósitos más específicos de estas instituciones.

Las empresas nos encargan ediciones personalizadas para marketing editorial o para regalos institucionales. Y los interesados solicitan, a título personal, ediciones antiguas, o no disponibles en el mercado; y las acompañan con notas y comentarios críticos.

Las ediciones tienen como apoyo un libro de estilo con todo tipo de referencias sobre los criterios de tratamiento tipográfico aplicados a nuestros libros que puede ser consultado en Linkgua-ediciones.com .

Linkgua edita por encargo diferentes versiones de una misma obra con distintos tratamientos ortotipográficos (actualizaciones de carácter divulgativo de un clásico, o versiones estrictamente fieles a la edición original de referencia).

Este servicio de ediciones a la carta le permitirá, si usted se dedica a la enseñanza, tener una forma de hacer pública su interpretación de un texto y, sobre una versión digitalizada «base», usted podrá introducir interpretaciones del texto fuente. Es un tópico que los profesores denuncien en clase los desmanes de una edición, o vayan comentando errores de interpretación de un texto y esta es una solución útil a esa necesidad del mundo académico.

Asimismo publicamos de manera sistemática, en un mismo catálogo, tesis doctorales y actas de congresos académicos, que son distribuidas a través de nuestra Web.

El servicio de «libros a la carta» funciona de dos formas.

1. Tenemos un fondo de libros digitalizados que usted puede personalizar en tiradas de al menos cinco ejemplares. Estas personalizaciones pueden ser de todo tipo: añadir notas de clase para uso de un grupo de estudiantes,

introducir logos corporativos para uso con fines de marketing empresarial, etc. etc.

2. Buscamos libros descatalogados de otras editoriales y los reeditamos en tiradas cortas a petición de un cliente.